管理学专著系列

湖北社会科学基金后期资助项目（立项号：2018041）

治理结构、财务政策与公司价值

ZHI LI JIE GOU CAI WU ZHENG CE YU GONG SI JIA ZHI

黄晓波 吴 豪 著

企业管理出版社
ENTERPRISE MANAGEMENT PUBLISHING HOUSE

图书在版编目（CIP）数据

治理结构、财务政策与公司价值 / 黄晓波，吴豪著

.—北京：企业管理出版社，2021.11

ISBN 978-7-5164-2468-1

Ⅰ. ①治… Ⅱ. ①黄… ②吴… Ⅲ. ①上市公司—财务管理—研究—中国 Ⅳ. ① F279.246

中国版本图书馆 CIP 数据核字 (2021) 第 170733 号

书　　名： 治理结构、财务政策与公司价值

作　　者： 黄晓波　吴　豪

责任编辑： 寇俊玲　刘玉双

书　　号： ISBN 978-7-5164-2468-1

出版发行： 企业管理出版社

地　　址： 北京市海淀区紫竹院南路 17 号　　　邮编：100048

网　　址： http://www.emph.cn

电　　话： 编辑部（010）68701661　发行部（010）68701816

电子信箱： 26814134@qq.com

印　　刷： 北京虎彩文化传播有限公司

经　　销： 新华书店

规　　格： 700 毫米 × 1000 毫米　16 开本　12.25 印张　193 千字

版　　次： 2021 年 11 月 第 1 版　2021 年 11 月 第 1 次印刷

定　　价： 68.00 元

前　言

从1600年英国东印度公司成立算起，股份公司已经拥有400多年的历史。现代公司制度的出现，是企业发展史上一次内容广泛、影响深远的历史性变革，极大地改变了人类的生产方式和生活方式，极大地推动了生产力水平的提高，极大地改善了世界各国人民生活水平和社会经济面貌。但对于如何完善公司治理机制，解决因所有权和控制权分离而产生的代理问题，人们并没有形成一致的结论或统一的模式，仍然在不断地探索与试验。

一般认为，公司治理机制可以分为内部治理机制和外部治理机制。其中，内部治理机制包括所有权安排、高管激励、雇佣制度、薪酬制度、内部晋升制度等，外部治理机制包括商品市场竞争、资本市场竞争、经理人市场竞争、兼并或收购等。从世界各国公司治理的实践来看，似乎并没有“放之四海而皆准”的经验，而是“适合的才是好的”。

企业财务管理随着股份经济的出现而产生，随着公司制企业的发展而发展。20世纪50年代以来，西方财务学界群星璀璨，取得了一大批具有重大学术价值的财务学成果，比如梅耶斯（Mayers）和迈基里夫（Majluf）的优序融资理论，莫迪格莱尼（Modigliani）和米勒（Miller）的MM理论，尤金·法玛（Eugene F. Fama）的有效市场理论，马科维茨（Markowitz）的证券组合投资理论，夏普（Sharpe）、林特纳（Lintner）和莫森(Mossin)的资本资产定价模型，布莱克（Black）和斯科尔斯（Scholes）的期权定价理论，以罗伯特·希勒（Robert J. Shiller）为代表的行为财务理论，等等。有多项成果获得了诺贝尔经济学奖。其中，莫迪格莱尼获1985年诺贝尔经济学奖，米勒、马科维茨和夏普获1990年诺贝尔经济学奖，斯科尔斯获1997年诺贝尔经济学奖，尤金·法玛和罗伯特·希勒获2013年诺贝尔经济学奖。

财务政策包括营运资金政策、长期投资政策、资本结构政策和股利分配政策。财务政策的制定或调整，不仅关系到公司的生存和发展，而且会直接影响投资者、债权人等广大利益相关者的切身利益，影响社会的和谐与稳定。因此，这是公司经营管理中一个十分重要的问题。

不管是完善公司治理机制还是优化财务政策，都是为了实现公司价值最大化。在中国，建立现代企业制度和深化国有企业改革一直面临着如何完善公司治理结构，如何优化公司财务政策，如何提升公司价值等突出问题。本书把治理结构、财务政策与公司价值联系起来，以中国上市公司为研究对象，对财务政策如何影响公司价值，治理结构如何影响财务政策进行统计分析和实证检验，在理论上具有一定的新意和深度，在实践上对于完善公司治理结构、优化财务政策具有一定的参考价值。

全书分为6章。第1章对公司治理理论与机制进行简要介绍，并对中国上市公司的治理结构进行统计分析；第2章对西方经典财务理论进行系统梳理，包括经典筹资理论、经典投资理论、经典股利分配理论，并对营运资金政策、长期投资政策、资本结构政策、股利分配政策进行简要介绍；第3章对营运资本政策进行统计分析，对营运资本政策如何影响公司绩效，以及公司治理结构如何影响营运资本政策进行实证检验；第4章对长期投资政策如何影响公司绩效，以及公司治理结构如何影响长期投资政策进行实证检验；第5章对融资政策与公司绩效的关系进行统计分析，对融资政策如何影响公司绩效，以及公司治理结构如何影响融资政策进行实证检验；第6章对上市公司股利政策进行统计分析，对公司治理、公司财务如何影响股利政策，以及股利政策如何影响股票价格进行实证检验。

通过对治理结构、营运资本政策与公司绩效实证检验发现：①营运资本比例对净资产收益率有显著的正面影响，流动比率与净资产收益率之间有显著的U型关系，速动比率对净资产收益率有显著的正面影响；②营运资本比例对托宾Q值没有显著影响，流动比率对托宾Q值没有显著影响，速动比率对托宾Q值没有显著影响；③股权集中度与营运资本比例之间有显著的倒U型关系；④股权制衡度与营运资本比例之间有显著的U型关系；⑤资本结构对营运资本比例有显著的负面影响；⑥代理成本对营运资本比例有显著的负面影响。

通过对治理结构、长期投资政策与公司绩效实证检验发现：①非流动资产增长率对总资产净利率有一定的负面影响；②创新性投资比例对总资产净利率有显著的正面影响，生产性投资比例对总资产净利率有显著的正面影响，权益性投资比例对总资产净利率有显著的正面影响；③创新性投资周转率对总资产净利率没有显著的影响，生产性投资周转率对总资产净利率有显著的正面影响，权益性投资周转率对总资产净利率有比较显著的正面影响；④股权集中度对非流动资产增长率没有显著的影响，股权制衡度与非流动资产增长率呈显著的倒U型关系，高管薪酬激励对非流动资产增长率没有显著的影响，高管股权激励对非流动资产增长率有显著的正面影响；⑤股权集中度对创新性投资比例没有显著的影响，股权制衡度与创新性投资比例呈显著的倒U型关系，高管薪酬激励对创新性投资比例有显著的正面影响，高管股权激励对创新性投资比例有显著的正面影响；⑥股权集中度对生产性投资比例没有显著的影响，股权制衡度与生产性投资比例呈显著的倒U型关系，高管薪酬激励对生产性投资比例没有显著的影响，高管股权激励对生产性投资比例有显著的正面影响；⑦股权集中度对权益性投资比例没有显著的影响，股权制衡度对权益性投资比例没有显著的影响，高管薪酬激励对权益性投资比例没有显著的影响，高管股权激励对权益性投资比例有显著的正面影响；⑧股权集中度对创新性投资周转率没有显著的影响，股权制衡度与创新性投资周转率呈显著的U型关系，高管薪酬激励对创新性投资周转率没有显著的影响，高管股权激励对创新性投资周转率有显著的负面影响；⑨股权集中度与生产性投资周转率呈显著的倒U型关系，股权制衡度与生产性投资周转率呈显著的U型关系，高管薪酬激励对生产性投资周转率有显著的正面影响，高管股权激励对生产性投资周转率没有显著的影响；⑩股权集中度与权益性投资周转率呈显著的倒U型关系，股权制衡度对权益性投资周转率有显著的正面影响，高管薪酬激励对权益性投资周转率有显著的负面影响，高管股权激励对权益性投资周转率没有显著的影响。

通过对治理结构、融资政策与公司绩效实证检验发现：①总负债比例对总资产净利率有显著的负面影响，有息负债比例对总资产净利率有显著的负面影响，银行信用比例对总资产净利率有显著的负面影响；②总负债比例对托宾 Q 值有显著的负面影响，银行信用比例对托宾 Q 值有显著的负面影响；③董事长是否兼任总经理对总负债比例有显著的负面影响；④出席股东大会股份比例对总负债比例有显著的负面影响；⑤董事长年龄对总负债比例有显著的负面影响；⑥董事长货币薪酬激励强度对总负债比例有显著的正面影响；⑦实际控制人性质对总负债比例有显著的正面影响；⑧股权的流通结构对总负债比例有显著的正面影响；⑨股权集中度对总负债比例有显著的负面影响；⑩股权制衡度对总负债比例有显著的负面影响。

通过对治理机制、股利政策与股票价格实证检验发现：①股权集中度和股权制衡度对每股税前现金股利具有显著的正面影响，盈利能力、现金充裕程度、资产的流动性、举债能力对每股税前现金股利都有显著的正面影响，到期债务、成长性、实际税率对每股税前现金股利有显著的负面影响；②股权集中度和股权制衡度对股利分配率具有显著的正面影响，现金充裕程度、资产的流动性、举债能力、投资机会对股利分配率有显著的正面影响，盈利能力、到期债务、成长性、实际税率对股利分配率有显著的负面影响；③股权集中度和股权制衡度对个股回报率具有显著的负面影响，现金充裕程度、到期债务、成长性、投资机会对个股回报率（考虑现金红利再投资）都有显著的正面影响，盈利能力、资产的流动性对个股回报率（考虑现金红利再投资）都有显著的负面影响；④每股税前现金股利、个股回报率（考虑现金红利再投资）对股票价格有显著的正面影响，股利分配率对股票价格有显著的负面影响；⑤薪酬激励强度、代理成本、股权集中度、股权制衡度对股票价格有显著的正面影响，商品市场竞争性、资本市场竞争性、股权激励强度、股权流通结构、股权所有制结构对股票价格有显著的负面影响。

目录
CONTENTS

第1章
公司治理理论与机制

CHAPTER 1

1.1 公司治理理论框架

1.1.1 公司制企业的产生

从17世纪开始，英国、荷兰等商业帝国进入了合股贸易公司时代，1600年成立的英国东印度公司（British East India Company）是历史上最早的合股公司。19世纪初，公司制度开始进入工业领域。1813年，第一家大纺织企业波士顿制造公司（Boston Manufacturing Company）在马萨诸塞州的沃尔瑟姆成立。1853年，纽约中央铁路公司组建完成。19世纪末和20世纪初，经济生活的各个方面，包括银行业、保险业、公用事业等相继开始推行公司制，公司制度逐步演变成了企业的常规形态。

我国改革开放之后最早出现的股份制企业是中国宝安集团股份有限公司（组建时名为“深圳市宝安县联合投资有限公司”），成立于1983年7月，发行了中华人民共和国第一张股票。其次是北京天桥百货股份有限公司和上海飞乐音响股份有限公司。北京天桥百货股份有限公司于1984年7月发起设立，是第一家正式注册的股份制企业。上海飞乐音响股份有限公司创立于1984年11月18日，是第一家向社会公开发行股票的股份制企业，也是第一家股份制上市公司。1986年11月14日，邓小平将飞乐音响股票赠送给来访的时任美国纽约证券交易所主席约翰·范尔霖（John J. Phelan）。

1792年5月17日，24个在街头买卖股票的经纪人聚集在华尔街68号前的一棵梧桐树下，讨论有价证券的交易条件和规则，这就是纽约证券交易所的雏形。1792年5月17日成为纽约证券交易所的诞生日。1986年9月26日，中国工商银行上海分行信托投资公司静安证券营业部成立，公开挂牌代理买卖股票。静安证券营业部是中华人民共和国第一个证券营业部，被称为“中国的梧桐树”。1990 年 11 月 26 日，上海证券交易所成立，并于 12 月 19 日开业。1990 年 12 月 1 日，深圳证券交易所开始试营业。

1993 年 11 月 14 日，党的十四届三中全会通过《关于建立社会主义市场经济体制若干问题的决定》，提出要建立现代企业制度（现代公司）。《中华人民共和国公司法》于 1993 年 12 月 29 日由全国人民代表大会通过，并于 1994 年 7 月 1 日起施行。1994 年 11 月，国务院选择 100 家国有企业进行公司制改革试点。1999 年 9 月 22 日，党的十五届四中全会通过的《关于国有企业改革和发展若干重大问题的决定》，进一步明确了公司化改制的要求。

1.1.2 公司制企业的特点

现代公司制度的出现，是企业发展史上一次内容广泛、影响深远的历史性变革。

第一，企业所有权和控制权的分离。伯利（Adolf A. Berle）和米恩斯（Gardiner C. Means）通过对 1930 年年初美国 200 家最大公司控制形态的考察发现，“公司数量的 65%、公司总财富的 80% 要么被经营者控制，要么被少数所有者通过法律手段控制……只有 11% 的公司及 6% 的财富，由半数或半数以上发行在外股票的拥有者所控制”。[①] 所以，伯利和米恩斯认为：“几乎没有控制权的财富所有权与几乎没有所有权的财富控制权，似乎是公司制度发展的必然结果。”“在公司制度中，产业财富的‘所有者’仅仅剩下具有象征性的所有权，而权利、责任以及实物——这些东西过去一直是所有权不可或缺的象征——则正在让渡给一个手中握有控制权的独立的集团。”[②]

---

① 阿道夫·A. 伯利，加德纳·C. 米恩斯．现代公司与私有财产．北京：商务印书馆，2005：127－128.

② 阿道夫·A. 伯利，加德纳·C. 米恩斯．现代公司与私有财产．北京：商务印书馆，2005：78－79.

第二，企业股权的分散化和多元化。伯利和米恩斯通过对 1930 年年初美国 200 家最大公司中的 144 家公司的资料进行研究发现，“股东数量少于 5000 人的公司仅有 20 家（代表着 144 家公司不到 5% 的资产），而股东超过 2 万人的公司则有 71 家。一半以上的资产属于那些拥有 5 万或更多股东的公司”。[①] 所以，伯利和米恩斯认为，独立企业所有权的分散，是公司制度所固有的性质。

第三，有限责任制度。公司制企业通过在股票市场上发行股票筹集资本，投资者通过购买股票成为公司的股东，并以自己的出资额为限对公司的债务承担有限责任。有限责任制度有很多优点。

① 促进了投资，为资本市场的发展提供了可能，使资本社会化成为可能。

② 与有限责任相对应的，是有限权利。股东、董事长、总经理等利益主体，以及股东大会、董事会、监事会等机构的权利都是有限的，都必须按《公司法》和《公司章程》的规定行使。股东只能通过适当的程序（集体行动），在适当的时机（股东大会上），以适当的方式（决议）进行监督和干预，从而保证公司的经营效率，保证公司法人资格的独立性。有限责任制度降低了股东之间相互监督的必要性，降低了监督代理人的必要性。

③ 使投资者实现投资分散化和多元化。在有限责任制度下，股东在每一个公司的最大风险是确定的，将资金投入多个不同的企业反而会降低投资的总风险。

④ 降低公司的融资成本。融资成本受风险的直接影响，有限责任制度降低了风险，也会相应地降低融资成本。

第四，所有权的可转让性。股票的持有者可在公开市场上出售股票，退出股份公司。

1.1.3 公司治理问题

在所有权和经营权相分离的情况下，代理成本产生了，而代理成本会降低公司价值。代理成本包括委托人的监控支出、代理人的管束支出、剩余损失等。

---

① 阿道夫·A. 伯利，加德纳·C. 米恩斯. 现代公司与私有财产. 北京：商务印书馆，2005：59.

公司治理（Corporate Governance）是为降低代理成本而在公司利益相关者之间形成的一种相互制衡的机制。狭义的公司治理指股东、董事、经理之间相互监督、相互制衡。广义的公司治理是维护和平衡公司所有利益相关者利益的一种机制，包括如何配置和行使控制权，如何监督和评价董事会、经理人员和员工，如何设计和实施激励机制等。

公司治理要解决的是因所有权和控制权分离而产生的代理问题，包括股东与经营者之间的代理问题，大股东与小股东之间的代理问题，股东与债权人之间的代理问题。

公司治理可以分为内部治理和外部治理。内部治理是股东、管理层、员工等内部利益相关者之间形成的监督与制衡。外部治理是债权人、供应商和客户、政府和社区等外部利益相关者，以及商品市场、资本市场、经理人市场等市场机制对公司的监督与制衡，见图1－1。

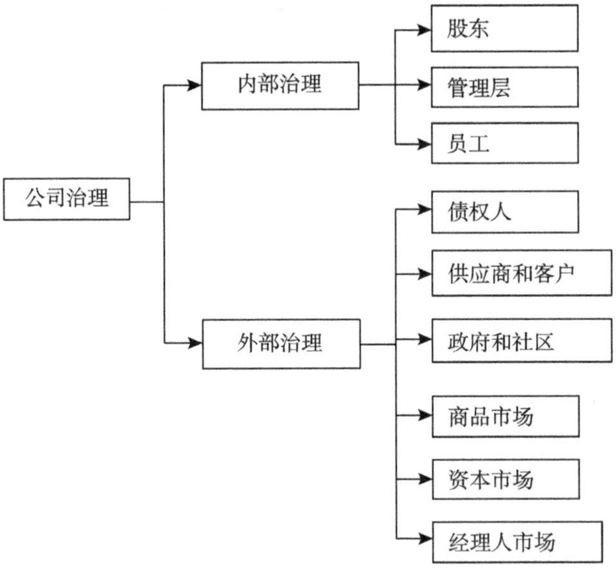

图1－1　公司治理理论框架

1.1.4　公司治理模式

一、公司治理模式概述

从理论上讲，公司治理模式可分为内部治理模式和外部治理模式。内部治理模式是通过公司内部的机构设置和权利安排来解决公司治理问题。外部治理模式是通过外部利益相关者，以及商品市场、资本市场、经理人市场对公司进行控制，以解决公司治理问题。公司治理模式受产权关系的直接影响，企业的产权关系不同，公司治理模式就不一样，见表 1－1。

表 1－1　企业权变治理模式

企业产权关系	公司治理类型
两权合一	出资人治理
两权相对分离	出资人和经理人共同治理
两权完全分离	经理人治理

西方发达国家的公司治理模式主要有两种类型，即英国和美国的股东主导型治理模式，日本和德国的债权人主导型治理模式。

二、英美股东主导型治理模式

英美股东主导型治理模式具有以下基本特征。

第一，代理问题主要是股东与经营者之间的代理问题。通过公司内部的制度安排，股东与经营者之间相互制衡，降低代理成本。

第二，公司内部治理结构如图 1－2 所示。

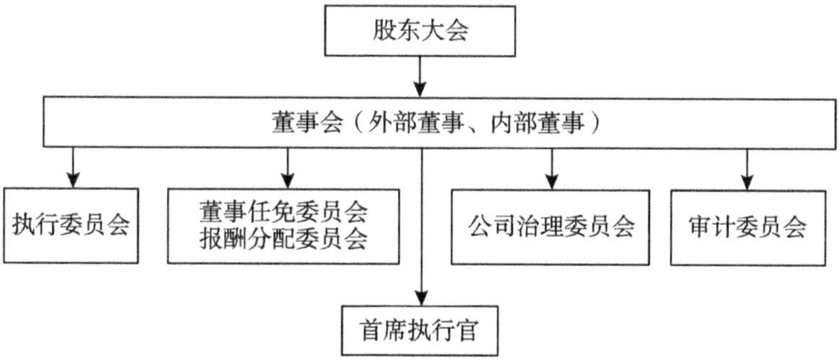

图 1－2　美国公司的治理结构

股东大会是公司的最高权力机构，由全体股东构成，采取投票方式决定公司重大事项。在英国和美国，由于股东非常分散，股东成为“不在的所有者”，以“用脚投票”代替了“用手投票”。

董事会是股东大会的常设机构，由股东大会选举的董事组成。英美公司的股东更注重通过董事会来发挥公司治理作用。公司的董事分为内部董事和外部董事。内部董事由公司现在的职员或曾经的职员来担任，一般在公司中担任重要职务，是公司经营管理的核心成员，负责公司各主要职能部门的经营和管理。外部董事由公司外部拥有专业知识和技能的人员组成。选举外部董事意在加强董事会对公司经理的监督和制约，维护广大股东的利益，特别是中小股东的利益。董事会内部设立各种委员会，包括执行委员会、公司治理委员会、董事任免委员会、报酬分配委员会、审计委员会等，协助董事会更好地进行经营决策。其中，审计委员会协助董事会或总公司监督子公司的财务状况。美国公司中没有监事会，由公司聘请的会计师事务所负责审计年度财务报告。

首席执行官（CEO）是公司最高级别的行政官，由董事会聘请，负责公司的日常决策。在美国，大多数公司的董事长和 CEO 由一人兼任。

第三，英美国家公司的外部治理机制主要有股东的“用脚投票”、股票买卖和股价变化、兼并或收购、经理市场竞争等。

三、日本和德国债权人主导型公司治理模式

在日本和德国公司中，银行是主要债权人，代理问题主要是由于代表股东利益的经营者和债权人之间的利益不一致产生的。日本和德国的公司治理以内部治理为主，日本注重企业经营者的地位，德国则积极发挥监事会的功能。

日本公司治理结构一般为三层结构，即“股东大会—董事会—高级经理（社长、副社长、专务、常务等）”，如图 1－3 所示。股东大会是公司最高的权力机构，但由于股东相互持股，以及个人股东比例相对较小，股东大会实际上被公司经营者操控。董事会由股东代表大会选举产生，是公司最高的决策机构。实际上，社长掌握了董事会的人事权，董事会的大部分成员是以社长为中心的高级经理人员，董事会以社长为中心。高级经理负责日常决策，经理人员是法人大股东的代表。企业内部实行员工终身雇佣制，重视发挥员工在公司治理中作用。

德国公司治理结构的突出特点是双层结构，由监事会和董事会组成双层治理结构，见图 1－4。股东和员工共同治理。董事长是公司的法人，负责公司的经营管理，向监事会负责。监事会是由股东代表和职工代表构成的监督机构，拥有对公司高级管理人员的聘任权与解雇权。

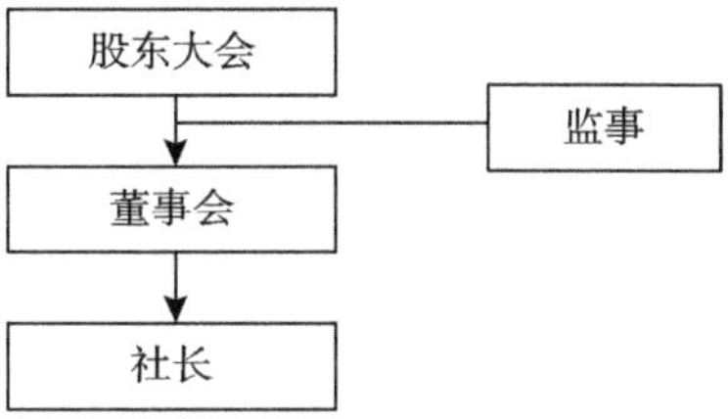

图 1－3　日本公司治理结构

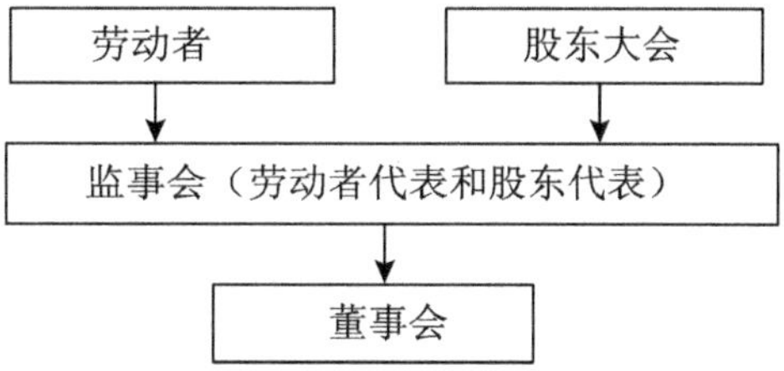

图 1－4　德国公司治理结构

四、中国企业治理模式的转变

1. 中国的经济体制改革与企业制度变革的历程

中国经济体制改革与企业制度变革的历程见表 1－2。

表 1－2　中国经济体制改革与企业制度变革

时期	经济体制	企业制度
1978 年 12 月党的十一届三中全会以前	集中的计划经济体制（苏联模式）	“一大二公”；国营企业、集体企业
1978 年 12 月党的十一届三中全会召开到 1984 年 10 月党的十二届三中全会通过《关于经济体制改革的决定》	计划经济为主、市场调节为辅	“放权让利”，即给予企业剩余控制权（“放权”），给予企业剩余索取权（“让利”） ①1978 年 10 月，四川省选择了 6 家企业进行扩大企业自主权试点。1979 年 7 月，国务院颁发《关于扩大国营工业企业经营管理自主权的若干规定》《关于国营企业实行利润留成的规定》等文件，在全国推广扩大企业自主权和实行利润留成的改革措施。“利润留成”即允许国有企业保留一部分利润 ②企业承包制。“包死基数、保证上交、超收自留、歉收自补”。1983 年年初开始推广，但很快被停止。1986 年 12 月重新推行，1987 年掀起第二轮承包高潮
1984 年 10 月到 1993 年 11 月党的十四届三中全会通过《关于建立社会主义市场经济体制若干问题的决定》	有计划的商品经济	
1993 年 11 月至今	社会主义市场经济	建立现代企业制度（股份制企业、现代公司），即以“产权明晰、权责明确、政企分开、管理科学”为基本特征的企业制度

2. 计划经济体制下的企业治理模式

党的十一届三中全会以前，借鉴苏联模式，推行集中的计划经济体制，企业治理表现为典型的行政型治理，见图 1－5。

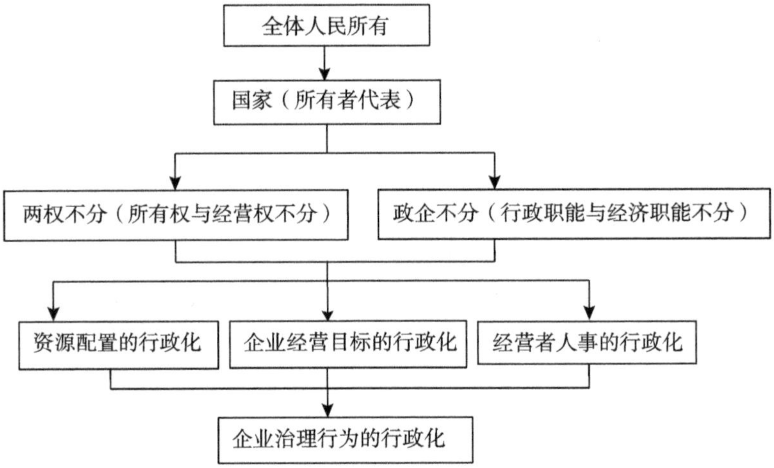

图 1－5　计划经济体制下企业治理模式

在计划经济体制下，国有企业并不是一个独立核算的经济组织，而是一个生产单位。政府代表全体人民行使所有者职能，掌握着企业的所有权和经营权，两权不分，政企不分。政府向企业委派或委任经营者（政府的代理人），企业治理表现为政府对其代理人的监督与制衡。从企业的角度看，“内部治理外部化”，企业的内部治理被政府取代；从政府的角度看，“外部治理内部化”，政府的行政职能取代了企业的经济职能。企业治理边界模糊，责任主体缺位，企业治理成本高，缺乏活力。

3. 转轨时期的国有企业治理模式

转轨时期是指从计划经济体制向市场经济体制转变的时期，从 1978 年 12 月党的十一届三中全会召开到 1993 年 11 月党的十四届三中全会通过《关于建立社会主义市场经济体制若干问题的决定》。在这一时期，我国先后实行了两种经济体制，即“计划经济为主、市场调节为辅”和“有计划的商品经济”，对集中的计划经济体制进行改革，包括以扩大企业自主权为特征的放权让利改革、以赋予企业剩余索取权为特征的企业承包制改革等。

转轨时期国有企业治理模式仍是一种行政型治理，但不同于计划经济体制下典型的行政型企业治理模式，见图1-6，包括外部治理和内部治理。

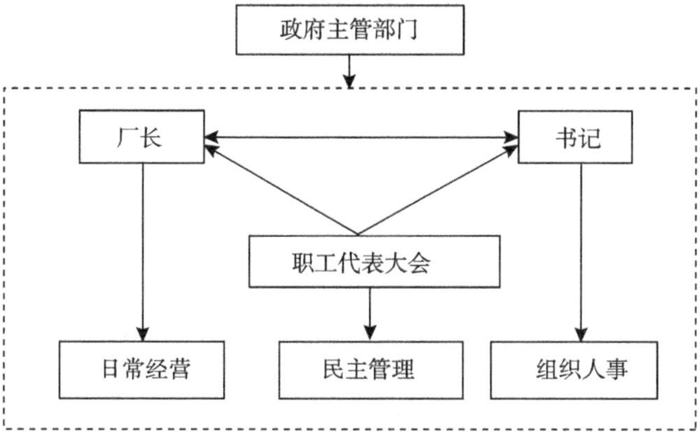

图1-6　转轨时期国有企业治理模式

从外部治理来看，政府主管部门对企业进行监督和评价，并控制企业经营者的任免权，但不直接干预企业正常的生产经营活动，企业从“国营”变成了“国有”。

从内部治理来看，企业内部建立起厂长（经理）、书记（党委）和职工代表大会三权制衡的治理结构。厂长（经理）负责企业的日常经营管理；书记（党委）负责企业组织人事工作，并对企业的经营状况进行监督；职工代表大会参与企业的民主管理。

转轨时期行政型治理模式存在一些突出问题。第一，在扩大企业自主权、增强企业活力的过程中，政府处于企业之外，企业的实际控制权掌握在经营者手中。由于信息不对称，政府无法判断企业经营业绩的变化是由外部环境变化引起的，还是由经营者主观因素引起的，因此，无法对经营者进行合理的奖惩和有效的监督。第二，厂长（经理）是经济人，在缺乏有效监督的情况下，这会产生道德风险。第三，党委书记和厂长（经理）可能“合谋”，使内部监督流于形式。由于职工的工资、福利、升迁机会等都被经营者掌控，职工代表大会的监督也徒有其名。

4. 社会主义市场经济体制下的企业治理模式

在社会主义市场经济体制下，我们应该借鉴西方发达国家的公司治理模式，实现从行政型治理模式到经济型治理模式的转变。经济型治理模式应该以公司化为前提，以股东主导型产权制度为基础，以具有股权契约、债权契约、报酬契约、劳动契约、商业契约、税收契约等经济型契约关系的利益相关者的共同利益为核心，以市场为导向，以科学决策为目标。见图 1－7。

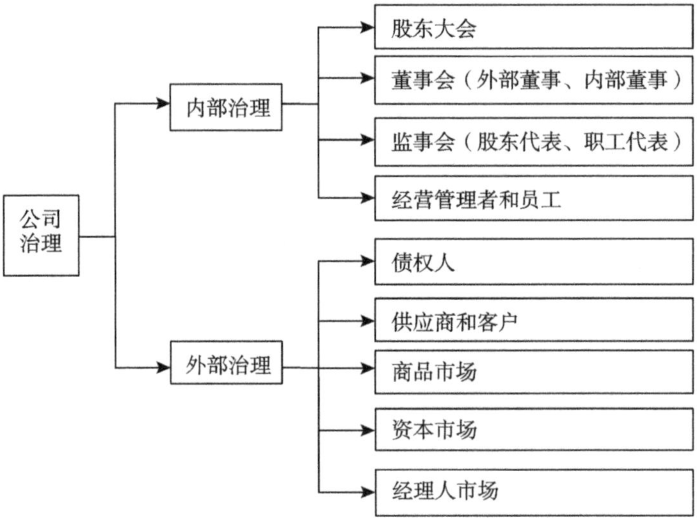

图 1－7　社会主义市场经济体制下企业治理模式

1.2　公司治理机制

1.2.1　公司治理机制概述

公司治理机制可以分为内部治理机制和外部治理机制。内部治理机制包括所有权安排、高管激励、雇佣制度、薪酬制度、内部晋升制度等；外部治理机制包括商品市场竞争、资本市场竞争、经理人市场竞争、兼并或收购等。见图 1－8。

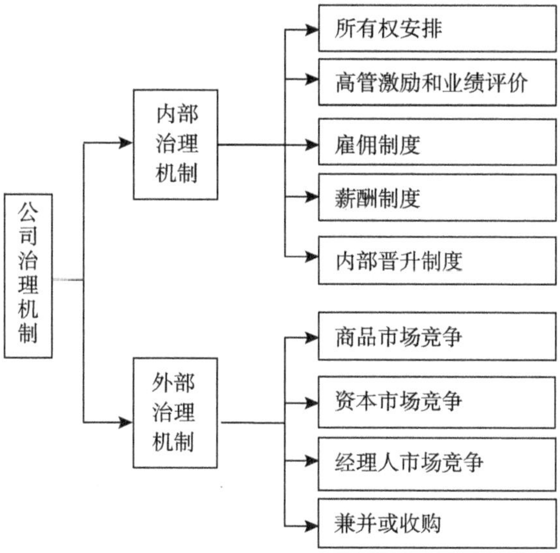

图 1－8　公司治理机制

1.2.2　公司内部治理机制

一、所有权安排

从理论上讲，企业所有权安排有股东导向模式、经理人导向模式、员工导向模式、国家导向模式、利益相关者导向模式等。比较典型的是股东导向模式和利益相关者导向模式。

在股东导向模式下，股东是剩余收益人，债权人、员工等其他利益相关者是合同收益人。股东是企业的所有者，因为股东比其他利益相关者承担了更大的风险，因而更有积极性去监督经理人。当然，这种模式在追求股东利益最大化的同时，也要注意保护债权人、员工、客户等其他利益相关者的利益。

利益相关者导向模式要求经营者在决策时平衡不同利益相关者的利益，而不能仅仅照顾股东的利益。正如美国通用电器的首席执行官 Ralph Cordiner 所说，高层管理者是受托人，其管理责任是在股东、客户、员工、供应商、社区的利益之间求得最好的平衡。但利益相关者导向模式也存在一些问题。比如，不同利益相关者的偏好和目标差异很大，难以兼顾；在这种模式下，要求经理人向所有利益相关者负责的结果是，无法用统一的指标体系对经理人的业绩进行评价。向所有利益相关者负责的经理人与声称向全体选民负责的官僚具有某种相似性，利益相关者导向模式使企业变得像政府一样，不存在有效的激励机制和业绩评价。

史正富根据资本社会化和劳动资本化程度，提出了企业剩余所有权的四种不同模式，① 见图1－9。

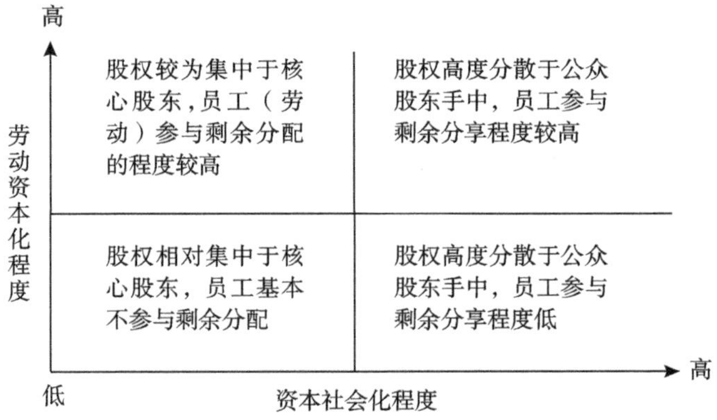

图1－9　企业剩余所有权的四种不同模式

二、高管激励

从理论上讲，高管激励机制可以分为薪酬激励和股权激励。

①薪酬激励。薪酬包括基本工资、岗位津贴、福利、奖金等，主要着眼于对过去业绩的评价和补偿。薪酬激励是一种短期的激励方式，可能导致短期行为。经营者为了获得短期的经营业绩，可能削减企业的研发费用，削减员工培训费用，不进行设备维修，不进行技术改造等，使企业的长期利益受损。

②股权激励。股权激励是一种长期的激励方式，包括股票赠予和股票购买。股票赠予是企业向经营者赠送股票（即干股），经营者不需付钱就能得到股票；股票购买是高级管理人员或员工按一定的价格购买一定数量的股票。

① 史正富．劳动、价值和企业所有权——马克思劳动价值论的现代拓展．经济研究，2002（2）：23－30.

股权激励使经营者长期努力工作，提升公司的价值。

在实践中，企业采用的具体的激励方式有很多，比如利润分享制、年薪制，以及业绩股票模式、股票增值权模式、股票期权模式、虚拟股票模式、业绩单位模式、延期支付模式、员工持股计划等。

第一，利润分享制。给予经营者分享一部分利润的权利，比如，公司利润总额的 10% 由经营者分享。在利润分享制下，公司利润总额越大，经营者分享额也越大，可以使经营者的目标趋向股东的目标。

第二，年薪制。把经营者薪酬与公司年度业绩挂钩，根据公司年度业绩，计算确定经营者应得的薪酬。一般形式是“基薪 + 风险收入（效益收入/奖金）”，其中，基薪较少，按月发放，用于经营者日常生活开支，风险收入或效益收入、奖金与业绩挂钩，按年结算。

第三，业绩股票模式。公司年初确定业绩目标，如果激励对象年末达到预定目标，则公司授予其一定数量的股票，或者提取一定的奖励基金，并限定激励对象在规定的时间内从二级市场上购买公司股票，或直接认购增发股票，但股票在其任职期间不能转让。公司经营得越好，股票市价越高，激励对象的收益就越多。

第四，股票增值权模式。公司给予激励对象一种权利，即在规定时间内，在公司股票价格上升或公司业绩上升的条件下，经营者可以获得规定数量股票股价上升或业绩提升所带来的收益。在股票增值权模式下，激励对象不需要为行权支付现金，行权时公司可以支付给激励对象现金或股票；公司也不需要授予激励对象实际股票，激励对象仅享有增值权（增值即行权价与行权日二级市场股价之间的差价，或净资产的增值），不能获得表决权、配股权。

第五，股票期权模式。公司给予激励对象在未来某一特定时期内以特定价格购买一定数量公司股份的选择权。激励对象可以行权，也可以放弃行权。在行权期内，如果股价高于行权价，激励对象通过行权可以获得股票市场价格与行权价之间的价差收益。

第六，虚拟股票模式。公司授予激励对象一定数量的“虚拟”股票。如果公司实现了预定的业绩目标，激励对象可以据此享受一定的利润和股价升值收益。公司可以支付现金，也可以支付等值的股票。

第七，业绩单位模式。与上述业绩股票模式大致相同，但激励对象得到的是现金，而不是股票。

第八，延期支付模式。公司将激励对象的部分薪酬，特别是年度奖金、股权激励收入等，按当日公司股票市场价格折算成股数，存入公司为激励对象单独设立的延期支付账户，在既定的期限后，或者在激励对象退休后，再以公司股票形式支付给激励对象，或者根据期满时股票的市场价值支付现金。

第九，员工持股计划。1958 年，美国经济学家、律师路易斯·凯尔索（Louis Kelso）提出，企业员工具有通过劳动和资本获得收入的基本权利。任何成功的企业，必须确立员工对企业的认同感，仅仅依靠对员工的监督和考核并不能提升他们的责任感和积极性。基于以上的认识，凯尔索提出了员工持股计划，即员工持有本企业股票，分得股票红利。企业在内部或外部设立专门机构，比如，员工持股会或员工持股信托基金，通过借贷方式形成购股资金，然后帮助职工购买或以其他方式取得本企业股票，使员工能分得一定的股票红利。

三、绩效评价

高管激励机制建立在绩效评价的基础上，绩效评价可以规范和约束代理人的行为，充分发挥代理人的积极性和主动性，降低代理成本，包括监督成本，使代理人在追求自身利益最大化的同时，实现委托人利益的最大化。

西方企业的绩效评价经历了三个阶段，即以投资报酬率（Rate of Investment，ROI）为主的财务模式，以经济增加值（Economic Value Added，EVA）为主的价值模式和以平衡记分卡（Balanced Score Card，BSC）为主的平衡模式。

20 世纪初，美国出现了垂直式综合性企业。这些企业开始将投资与其绩效联系起来，对所属各部门的生产经营活动进行控制和评价。1914 年，美国杜邦公司的财务主管唐纳德桑·布朗（Donaldson Brown）设计出了投资报酬率（净利润/投资额）指标，并创建了杜邦分析法。在此后相当长的时间内，投资报酬率指标得到了广泛的运用，从而奠定了其在企业绩效评价中的主导地位。

1982 年，斯特恩·斯图尔特（Stern Stewart）公司提出了一种新的绩效评价方法——经济增加值（EVA）。EVA 将股东目标作为首要目标，将 EVA 价值创造作为管理者的首要责任，将股东与管理者对所创造价值的分享作为主要的激励制度。此后，国外大公司开始流行以经济增加值为基础的绩效评价方法。

1992 年，罗伯特・卡普兰（Robert S. Kaplan）、大卫・诺顿（David P. Norton）提出了平衡记分卡（BSC），分别从财务角度（我们怎样满足股东），顾客角度（顾客怎样看待我们），内部业务角度（我们必须擅长什么），创新与学习角度（我们能否继续提高并创造价值）对企业进行综合评价。BSC 一提出，即风靡全世界。平衡记分卡是一种多角度的综合评价，兼顾了财务指标与非财务指标、企业内部与企业外部、短期目标与长期目标、目标的制订与目标的实现，既是一种绩效评价的工具，又是一种战略管理体系。

我国企业绩效评价随着经济体制和经营机制的变化而变化，主要经历了以下几个阶段。

①中华人民共和国建立之后的相当长时期内，国有企业的财务管理主要以资金管理、成本管理、利润管理为主要内容，以计划控制为主要手段。企业的财务评价指标主要有固定资产产值率、定额流动资金周转天数、可比产品成本降低率、利润总额完成率、销售成本利润率、销售利润率、资金利润率等。

②1992 年，财政部颁布《企业财务通则》，其中第四十三条规定，企业总结、评价本企业财务状况和经营成果的财务指标包括流动比率、速动比率、应收账款周转率、存货周转率、资产负债率、资本金利润率、营业收入利税率、成本费用利润率等。2006 年，财政部颁布了修订的《企业财务通则》，从 2007 年 1 月 1 日开始施行。修订的《企业财务通则》第六十七条规定，应评价企业的偿债能力、盈利能力、资产营运能力、发展能力和社会贡献。

③1995 年，财政部颁布《企业经济效益评价指标体系（试行）》，制定了一套新的企业经济效益评价指标体系，包括销售利润率、总资产报酬率、资本收益率、资本保值增值率、资产负债率、流动比率（或速动比率）、应收账款周转率、存货周转率、社会贡献率、社会积累率等 10 项指标。

④1999 年，《国有资本金效绩评价规则》和《国有资本金效绩评价操作

细则》发布。《国有资本金效绩评价规则》第十二条规定，竞争性企业效绩评价的内容包括财务效益状况、资产营运状况、偿债能力状况和发展能力状况等四个方面；第十三条规定，企业绩效评价指标体系由基本指标、修正指标、评议指标三个层次构成。2002 年《企业效绩评价操作细则（修订）》发布，修订后的指标体系由 28 项指标构成，初步形成了财务指标与非财务指标相结合的业绩评价指标体系。

⑤2003 年，《中央企业负责人经营业绩考核暂行办法》发布，把企业负责人经营业绩考核划分为年度经营业绩考核和任期经营业绩考核。年度经营业绩考核的基本指标是年度利润总额和净资产收益率，任期经营业绩考核的基本指标是国有资产保值增值率和三年主营业务收入平均增长率。此后，《中央企业负责人经营业绩考核暂行办法》经历了多次修订。2013 年 1 月 1 日起施行的《中央企业负责人经营业绩考核暂行办法》第八条规定，年度经营业绩考核的基本指标包括利润总额和经济增加值；第十八条规定，任期经营业绩考核的基本指标包括国有资本保值增值率和总资产周转率。此次修订还制定了《经济增加值考核细则》。

四、雇佣制度

在发达市场经济国家，雇佣关系呈现一种长期化趋势。日本的企业实行终身雇佣制，很多人从 20 岁进入企业，到 60 岁退休，一生只在一家企业工作。在美国，25% 的人在一家企业工作的时间长于 20 年，美国的 IBM 公司承诺不解雇没有过错的员工。

雇佣关系的长期化具有以下激励作用。

①长期雇佣关系有助于鼓励企业投资于特质型人力资本。人力资本可以分为通用型人力资本和特质型人力资本。通用型人力资本有很多竞争性需求者，市场决定的工资水平能充分地反映人力资本的价值，个人有积极性进行通用型人力资本投资。但特质型人力资本只对某个特定企业有用，应由特定企业投资。人力资本与其所有者不可分离，随人而走，人走了，投资就收不回来了。所以，要使企业真正有积极性投资于特质型人力资本，雇佣关系必须是长期的。

②长期雇佣关系可以激励员工信守承诺，使员工有积极性建立努力工作

的良好声誉，有助于约束员工的偷懒行为。

③长期雇佣关系有助于对员工的贡献做出准确的评价，减少雇员的短期行为。有些工作业绩需要长时间才能显现出来，比如，银行发放长期贷款，是否能收回，收回多少，几年之后才有结果。长期雇佣才能使员工对自己的行为真正负责。没有人愿意自己耕耘，别人收获，就像没有人在搬家之前还装修要搬出去的房子一样。

五、薪酬制度

薪酬制度可以分为三类，即基于工作的薪酬，基于技能、知识和能力的薪酬，以及基于业绩的薪酬。

①基于工作的薪酬体系。首先界定公司所有工作岗位的相对价值，然后根据员工的工作岗位确定薪酬。相对价值越大，薪酬越高。在中国，许多企业根据工作岗位的行政级别来确定薪酬。行政级别越高，薪酬越高。

②基于技能、知识和能力的薪酬体系。为技能付酬，为知识付酬，为能力付酬，根据员工为企业做出贡献的能力或员工做出贡献的潜能付酬。学历、职称等都可以代表能力或潜能，当然，更重要的是解决实际问题的能力。

③基于业绩的薪酬体系。根据员工的工作业绩支付报酬，有个人奖励计划、团队奖励计划、企业奖励计划。个人奖励计划包括直接计件工资制、差额计件工资制、出勤奖、安全奖、专利奖、建设奖、特别成就奖等。团队奖励计划是依据团队的工作绩效进行奖励，比如班组奖励计划。企业奖励计划是指企业在实现某一既定的绩效目标后，向企业所有员工发放奖金。比如，企业在利润总额达到 100 万元之后，把利润总额的 10% 作为奖金发放给全体员工。

六、内部晋升制度

内部晋升制度可以激励员工努力工作。在企业内部，职位通常与工资、福利、权力、社会地位等相联系。对于那些对权力比对金钱更敏感的人，内部提拔不仅可以降低激励成本，而且可以提升激励效果。

内部提拔的激励强度取决于三个因素：一是提拔前后的工资差别；二是提拔的概率；三是进一步提拔的可能性。在一个金字塔形的组织结构中，职位越高的员工，得到进一步提拔的可能性越小，工资上升的幅度也就越大。为什么有些大公司总经理的工资是普通员工的100多倍呢？因为总经理已经到了公司的最高职位，不可能再升迁了，企业只能靠高工资来调动总经理的积极性。

1.2.3 公司外部治理机制

一、负债的治理效应

债权人与股东的利益目标是不一致的，股东与债权人之间存在代理冲突。外部股东持股比例越大，代理成本越高，企业价值越小；外部股份越分散，监督成本越高，企业价值越小。如何降低企业的代理成本？从融资的角度看，一个可行的办法就是负债。在信息不对称的情况下，融资结构问题也是一个公司治理问题。

自由现金流理论认为，由于受到一些因素的诱惑，经营者倾向于将资金投向一些不会增加股东财富的项目，比如在职消费、社会捐赠等，而不是将资金作为股利分配给股东。企业负债之后，需要支付本金和利息，使经营者可以自由支配的现金流大大减少，从而可以限制经营者选择不能给股东增加价值的投资机会。

在信息不对称的情况下，债务融资的比例能传递有关企业价值的信息。负债越高，企业破产的可能性越大。如果企业破产了，经营者会失去控制企业所带来的货币和非货币好处（货币收益和控制权收益）。高负债表明经营者对企业前景充满信心，投资者也应看好企业的未来。

此外，负债还会产生资产替代问题和投资不足问题。

一方面，当股东与债权人之间存在利益冲突时，代表股东利益的经营者可能选择净现值小于零的高风险项目，从而产生资产替代问题，即用高风险资产替换低风险资产。如果投资项目获得成功，债权人得到的是固定的本金和利息，而全部剩余收益都归属于股东；如果投资项目失败，股东只需承担有限责任，剩余损失都由债权人承担。显然，股东选择高风险投资项目提高了债权人的实际风险水平，降低了债务的价值。

另一方面，债务的增加会导致企业融资能力下降，甚至会使企业由于融资困难而放弃收益较高的投资项目，从而产生投资不足问题。

二、商品市场竞争的治理效应

在充分竞争的市场上，只有最有效率的企业才能生存。如果经营者不努力工作，企业就可能破产，经营者自己也可能失业。在这种压力下，经营者可能付出更大的努力。产品市场竞争越激烈，经营者偷懒的空间就越小。

产品市场竞争可以提供有关经营者行为的更有价值的信息。如果只有一家公司，股东很难评价经营者工作的好坏。如果同时有几家公司在竞争，股东就可以把自己的企业与其他企业进行比较，获得有关经营者工作好坏的更准确信息，从而把经营者的报酬与企业的业绩更好地联系起来，为经营者提供更有效的激励。

当股东可以更好地获得有关经营者行为的信息时，经营者必须更努力地工作才能建立起好的声誉。

商品市场竞争是保护消费者利益的最好手段。市场这只“看不见的手”调整着市场中每一个当事人的行为，从而最有效地保护顾客利益。

三、资本市场竞争的治理效应

股东通过“用脚投票”给经营者施加压力。如果股东对经营者不满，可以在股票市场上卖出股票，引起股票价格下跌，从而迫使经营者努力工作。

如果经营者不努力工作，企业的业绩就可能下降，企业的股票价格就可能下跌，企业可能会被收购或兼并，经营者可能失去职位，甚至失业。面对这种潜在的威胁，经营者会付出更多的努力。

此外，在资本市场上买卖股票进行控制权争夺，也会对掌握控制权的经营者的行为产生一定的约束作用。

四、经理人市场（劳动力市场）竞争的治理效应

在激烈竞争的经理人市场上，如果经营者不努力工作，公司的业绩表现不好，经营者的市场价值就会下降，也会影响经营者的声誉，这迫使经营者为股东努力工作。经营者与整个市场进行的是一种重复博弈。在重复博弈的情况下，经营者的最优选择是努力工作。

此外，在竞争激烈的劳动力市场上，为了吸引优秀的员工，企业会为员

工营造良好的工作环境，提供培训机会，维护员工的权益，从而形成对员工最好的保护。

1.3 中国上市公司治理结构统计分析

1.3.1 样本选择、数据来源与数据处理

所有原始数据均来源于国泰安数据库。初选样本同时满足以下条件：①均为主板上市公司，不包括创业板、中小企业板上市公司；②均为正常上市的公司，即不包括“ST、*ST、暂停上市、退市”等异常公司；③以 2012 年最新版的行业分类为准。

利用 EXCEL 和 STATA13.1 对下载的原始数据进行以下处理：①把含有缺失值的样本从总样本中剔除；②对所有连续变量进行 5% 的缩尾处理。

1.3.2 股本结构统计分析

一、股本结构的计量

股本结构是指股本的构成和比例。按股东类型，可以分为 A 股、B 股和 H 股；按是否流通，可以分为流通股和非流通股。股本结构的具体计量方法见表 1－3。

表 1－3　股本结构的计量方法

分类	股东类型			是否流通	
指标	A 股比例	B 股比例	H 股比例	未流通股比例	流通股比例
计量方法	A 股股本/总股本	B 股股本/总股本	H 股股本/总股本	未流通股股本/总股本	流通股股本/总股本

二、上海证券交易所和深圳证券交易所上市公司股本结构

上海证券交易所和深圳证券交易所上市公司股本结构见表 1－4。所有原始数据来源于国泰安数据库“公司研究系列”—“股东”—“股本结构”。

从表 1－4 中可以发现以下信息。

①流通股比例总体上呈上升趋势，未流通股比例总体上呈下降趋势。流通股比例从 2003 年的 35% 上升到 2013 年的 91%，然后逐年下降，2017 年为 85%。

②在流通股中，A 股流通股所占比例最大，其次是 H 股流通股，而 B 股流通股所占比例很小。

③在未流通股中，主要是国有股和境内发起人股。国有股所占比例呈下降趋势，从 2003 年的 78% 下降到 2017 年的 35%；境内发起人股比例呈上升趋势，从 2003 年的 13% 上升到 2017 年的 34%。

表 1－4　沪市和深市上市公司股本结构统计分析表　　单位：%

年份	流通股与未流通股构成		流通股构成			未流通股构成			
	未流通股	流通股	A 股流通股	B 股流通股	H 股流通股	国有股	境内发起人股	境外发起人股	其他股
2003 年	65	35	75	8	17	78	13	1	8
2004 年	64	36	76	8	16	76	15	2	8
2005 年	62	38	78	8	14	75	16	2	7
2006 年	63	37	57	4	39	86	9	2	4
2007 年	63	37	55	3	42	89	6	3	2
2008 年	56	44	61	2	37	89	6	3	2
2009 年	31	69	77	1	22	82	9	5	4
2010 年	24	76	76	1	23	75	11	7	7
2011 年	21	79	77	1	22	74	13	3	10
2012 年	18	82	78	1	21	71	15	2	12
2013 年	9	91	81	1	18	47	26	3	23
2014 年	11	89	82	1	17	47	27	3	22
2015 年	12	88	83	1	16	38	31	4	27
2016 年	14	86	84	1	15	31	37	3	28
2017 年	15	85	86	1	13	35	34	3	28

1.3.3 股权集中度和股权制衡度统计分析

一、股权集中度和股权制衡度在公司治理中的作用

股权集中是指少数股东持有较大份额的股票，股权制衡是指第一大股东受到其他股东的制约。股权集中度和股权制衡度在公司治理中具有重要作用。

为了降低代理成本，减少管理层在职消费给股东造成的损害，需要建立良好的公司治理结构，加强对管理层的监督。Shleifer 和 Vishny （1986） 指出，相对于股权分散型公司，股权集中型公司的控股股东有更大的动力去收集信息，能够更有效地监督经营层，以避免在股权分散情况下容易出现的“搭便车”现象。股权集中尽管缓解了股东和管理层之间的代理问题，却产生了大股东和中小股东之间的代理问题，可能加剧大股东和中小股东之间的利益冲突。因为大股东或控股股东可能把上市公司当成提款机，为了私利而“掏空”公司。

为了避免大股东或控股股东进行利益输送或“掏空”公司，需要建立一种包括股权制衡在内的约束机制。在股权制衡度较低、对大股东制衡能力较弱的情况下，中小股东缺乏参与公司决策和监督的积极性，大股东易于进行利益输送或“掏空”公司，公司会持有较多的现金。随着股权制衡度的提高，一方面，股东之间形成了一种相互约束、相互监督的机制；另一方面，股东有更强的积极性参与公司的经营管理，对管理层的约束和监督会更有效，从而可以防止大股东或管理层通过持有较多的现金而谋取私利。

然而，当股权制衡度提高到一定程度之后，势均力敌的股东之间容易产生利益冲突或权力斗争，从而导致公司决策不当、效率低下，使得公司需要储备更多的资金来预防各种意外事件的发生。而且，股权制衡度过高也意味着控股股东持有股份的比例下降，控股股东可能丧失工作激情，不愿勤勉尽责，从而导致管理层对公司的超强控制，加剧股东与管理层之间的代理问题，增加代理成本。

二、股权集中度和股权制衡度的计量

股权集中度和股权制衡度的计量方法，见表 1 – 5。

表1-5　股权集中度和股权制衡度的计量指标及其代码

统计量	指标	代码
股权集中度	第一大股东持股比例	OC1
	第二大股东持股比例	OC2
	第三大股东持股比例	OC3
	第四大股东持股比例	OC4
	第五大股东持股比例	OC5
股权制衡度	第二大股东持股/第一大股东持股	ER1
	第二大和第三大股东持股之和/第一大股东持股	ER2
	第二大、第三大和第四大股东持股之和/第一大股东持股	ER3
	第二大、第三大、第四大和第五大股东持股之和/第一大股东持股	ER4

三、上海证券交易所和深圳证券交易所上市公司股权集中度和股权制衡度

上海证券交易所和深圳证券交易所上市公司股权集中度和股权制衡度统计结果，见表1-6。原始数据来源于国泰安数据库“公司研究系列”—“治理结构”—“股东股本”。根据表1-6中的OC1和ER1可以绘制出图1-10。

从表1-6和图1-10中可以发现以下信息。

①第一大股东持股比例（OC1）为34%~46%，呈下降趋势，从1999年的46%下降到2016年的34%。

②“第二大股东持股/第一大股东持股”（ER1）为18%~30%，呈上升趋势，从1999年的18%上升到2016年的30%。

表1-6　沪市和深市上市公司股权集中度和股权制衡度统计表

年份	股权集中度					股权制衡度			
	OC1	OC2	OC3	OC4	OC5	ER1	ER2	ER3	ER4
1999年	0.46	0.08	0.03	0.02	0.01	0.18	0.25	0.29	0.31
2000年	0.46	0.08	0.03	0.02	0.01	0.18	0.25	0.29	0.32
2001年	0.44	0.08	0.03	0.02	0.01	0.19	0.26	0.30	0.33

续表

年份	股权集中度					股权制衡度			
	OC1	OC2	OC3	OC4	OC5	ER1	ER2	ER3	ER4
2002 年	0.44	0.09	0.03	0.02	0.01	0.20	0.28	0.32	0.35
2003 年	0.43	0.09	0.04	0.02	0.01	0.22	0.30	0.35	0.37
2004 年	0.42	0.10	0.04	0.02	0.01	0.23	0.32	0.37	0.41
2005 年	0.41	0.10	0.04	0.02	0.01	0.24	0.34	0.39	0.42
2006 年	0.37	0.09	0.04	0.02	0.01	0.25	0.35	0.41	0.45
2007 年	0.36	0.09	0.04	0.02	0.01	0.25	0.35	0.41	0.45
2008 年	0.36	0.09	0.04	0.02	0.01	0.24	0.34	0.40	0.43
2009 年	0.37	0.09	0.04	0.02	0.01	0.24	0.34	0.40	0.44
2010 年	0.37	0.09	0.04	0.02	0.02	0.26	0.37	0.43	0.48
2011 年	0.36	0.10	0.04	0.03	0.02	0.27	0.38	0.46	0.51
2012 年	0.36	0.10	0.04	0.02	0.02	0.27	0.38	0.45	0.50
2013 年	0.36	0.10	0.04	0.02	0.02	0.26	0.38	0.44	0.49
2014 年	0.36	0.09	0.04	0.02	0.02	0.26	0.38	0.45	0.50
2015 年	0.35	0.10	0.04	0.03	0.02	0.28	0.41	0.49	0.54
2016 年	0.34	0.10	0.05	0.03	0.02	0.30	0.44	0.53	0.59

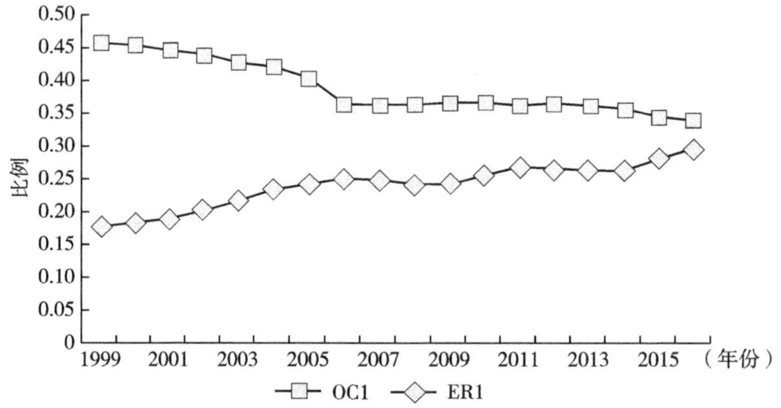

图 1－10　沪市和深市上市公司股权集中度和股权制衡度统计表

1.3.4 所有权与控制权分离度统计分析

控制权又称表决权，是指实际控制人拥有上市公司控制权比例；所有权又称现金流权，是指实际控制人拥有上市公司所有权比例。上海证券交易所和深圳证券交易所上市公司所有权与控制权分离度统计结果，见表 1－7。根据表 1－7 中的“两权分离度”，可以绘制出图 1－11。

从表 1－7 和图 1－11 可以发现以下信息。

①不管是国有企业还是非国有企业，“实际控制人拥有上市公司控制权比例”都大于“实际控制人拥有上市公司所有权比例”。

②国有企业的“两权分离度”总体上呈上升趋势，从 2003 年的 2.31% 上升到 2017 年的 9.1%，但从 2005 年到 2016 年间变化很小。

③非国有企业的“两权分离度”总体上呈下降趋势，从 2003 年到 2005 年呈上升趋势，从 7.91% 上升到 10.82%，从 2005 年到 2016 年逐年下降，从 10.82% 下降到 5.21%。

④除了 2017 年，其他年份非国有企业的“两权分离度”都大于国有企业，但差距逐步缩小。

表 1－7　沪市和深市上市公司两权分离度统计分析表　　单位：%

年份	实际控制人拥有上市公司所有权比例		实际控制人拥有上市公司控制权比例		两权分离度	
	国有	非国有	国有	非国有	国有	非国有
2003 年	43.56	22.89	45.87	30.8	2.31	7.91
2004 年	42.1	21.4	45.8	31.95	3.70	10.51
2005 年	40.22	20.1	44.34	30.99	4.12	10.82
2006 年	35.96	21.16	40.05	31.56	4.09	10.40
2007 年	35.52	23.2	39.74	32.95	4.24	9.77
2008 年	35.63	24.69	40.06	33.73	4.43	9.04
2009 年	36.77	28.12	41.11	36.45	4.29	8.30
2010 年	36.67	32.49	41.01	39.16	4.30	6.64
2011 年	37.01	33.86	41.33	40.05	4.29	6.18
2012 年	37.67	34.36	41.93	40.53	4.26	6.16
2013 年	37.98	34.72	42.23	40.71	4.24	5.99

续表

年份	实际控制人拥有上市公司所有权比例		实际控制人拥有上市公司控制权比例		两权分离度	
	国有	非国有	国有	非国有	国有	非国有
2014 年	38.11	24.89	42.25	30.76	4.14	5.87
2015 年	37.42	24.63	41.6	30.23	4.18	5.61
2016 年	37.29	25.27	41.55	30.48	4.25	5.21
2017 年	34.15	25.14	43.25	31.62	9.10	6.48

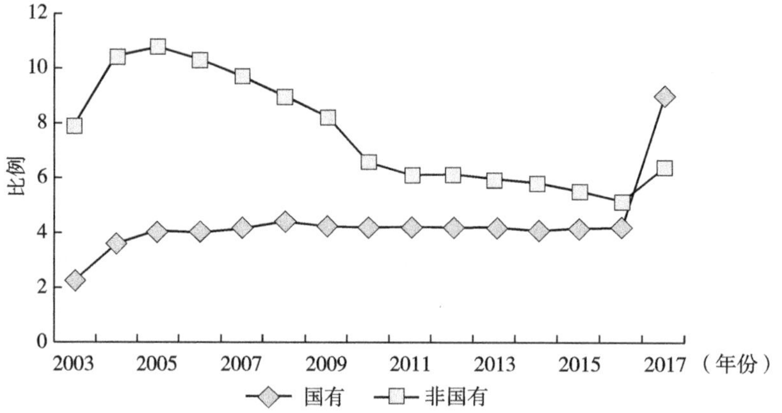

图 1-11　沪市和深市上市公司“两权分离度”统计图

1.3.5　董事会规模、会议及结构统计分析

一、董事会规模和会议统计分析

上海证券交易所和深圳证券交易所上市公司董事会会议次数、董事人数及比例统计结果，见表 1-8。根据表 1-8 中的数据，可以绘制出图 1-12。

从表 1-8 和图 1-12 中可以发现以下信息。

①董事会会议次数呈波浪形变化，总体上呈上升趋势。2004 年最少，为 7.34 次；2016 年最多，为 10.45 次。

②董事人数为 9 人的公司最多，从 2002 年的 33.03% 上升到 2011 年的 53.24%，然后下降到 2016 年的 47.27%。董事人数为 7～8 人的公司也比较多，总体上呈上升趋势，从 2003 年的 12.94% 上升为 2016 年的 30.95%。

表 1-8　沪市和深市上市公司董事会规模和会议统计表

年份	公司总数（家）	董事会会议次数（次）	不同董事人数公司比例						
			5 人以下	5~6 人	7~8 人	9 人	10~11 人	12~15 人	16 人以上
2002 年	1099	8.31	0.0027	0.0318	0.2011	0.3303	0.2466	0.1702	0.0173
2003 年	1159	7.50	0.000	0.0388	0.1294	0.4383	0.2036	0.1752	0.0147
2004 年	1255	7.34	0.0024	0.0422	0.1506	0.4462	0.1793	0.1673	0.0120
2005 年	1266	7.49	0.000	0.0498	0.1461	0.4708	0.1817	0.1453	0.0063
2006 年	1342	8.00	0.0008	0.0529	0.1617	0.4791	0.1863	0.1110	0.0082
2007 年	1437	9.59	0.0014	0.0501	0.1656	0.4927	0.1754	0.1030	0.0118
2008 年	1477	9.58	0.0013	0.0569	0.1686	0.5132	0.1645	0.0867	0.0088
2009 年	1658	8.32	0.0019	0.0586	0.1871	0.5242	0.1376	0.0827	0.0079
2010 年	1998	8.73	0.0005	0.0526	0.2092	0.5225	0.1371	0.0691	0.0090
2011 年	2241	9.32	0.0000	0.0580	0.2151	0.5324	0.1267	0.0607	0.0071
2012 年	2385	9.37	0.0008	0.0540	0.2281	0.5203	0.1266	0.0629	0.0063
2013 年	2430	9.02	0.0008	0.0568	0.2704	0.4959	0.1115	0.0576	0.0070
2014 年	2547	9.51	0.0008	0.0711	0.2897	0.4806	0.1013	0.0510	0.0055
2015 年	2723	10.36	0.0015	0.0878	0.3000	0.4613	0.0984	0.0455	0.0055
2016 年	3034	10.45	0.0013	0.0781	0.3095	0.4727	0.0903	0.0432	0.0049

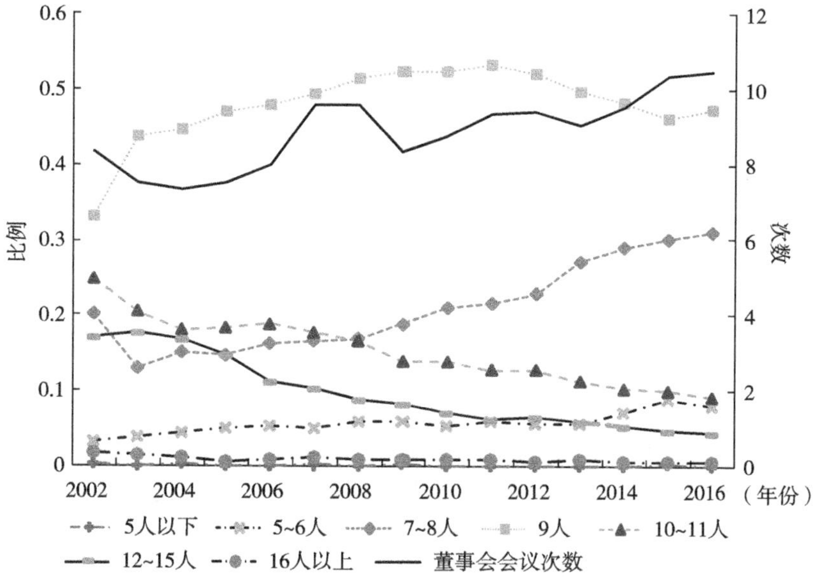

图 1-12　沪市和深市上市公司董事会规模和会议统计表

二、董事会结构统计分析

董事会结构是指董事会中独立董事人数，以及董事长兼任总经理情况。有关统计结果见表1－9。

从表1－9中可以发现以下信息。

①2001年以前，独立董事人数为1人及以下的公司最多。2001年以后，独立董事人数为2～3人的公司最多，而且其所占比例总体上呈上升趋势；独立董事人数为4～5人的公司较多，但其所占比例总体上呈下降趋势。

②董事长兼任总经理的公司所占比例较小，但2001年以后总体上呈上升趋势，从2001年的9.63%上升到2016年的28.65%。董事长和总经理不是一人兼任的公司所占比例较大，但2001年以后总体上呈下降趋势，从2001年的90.37%上升到2016年的71.35%。

表1－9　独董人数以及董事长兼任总经理情况统计表

年份	独立董事					董事长兼任总经理		
	披露的公司数（家）	独立董事人数				披露的公司数（家）	具体情况	
		1人及以下占比	2～3人占比	4～5人占比	6人及以上占比		是	否
1999年	822	0.9696	0.0268	0.0036	0	44	0.1364	0.8636
2000年	972	0.9444	0.0463	0.0062	0.0031	81	0.1235	0.8765
2001年	1030	0.7854	0.1971	0.0165	0.0010	135	0.0963	0.9037
2002年	1098	0.0383	0.9026	0.0565	0.0027	196	0.1173	0.8827
2003年	1159	0.0095	0.6972	0.2813	0.0121	322	0.1460	0.8540
2004年	1255	0.0056	0.6709	0.3116	0.0120	585	0.1453	0.8547
2005年	1266	0.0032	0.6880	0.3009	0.0079	920	0.1261	0.8739
2006年	1342	0.0037	0.7012	0.2869	0.0082	1217	0.1298	0.8702
2007年	1439	0.0028	0.6880	0.2953	0.0139	1395	0.1484	0.8516
2008年	1477	0.0034	0.6940	0.2911	0.0115	1467	0.1541	0.8459
2009年	1658	0.0018	0.7177	0.2672	0.0133	1635	0.1865	0.8135
2010年	1998	0.0010	0.7292	0.2588	0.0110	1990	0.2226	0.7774
2011年	2242	0.0004	0.7511	0.2364	0.0120	2234	0.2480	0.7520
2012年	2385	0	0.7526	0.2352	0.0122	2374	0.2511	0.7489

续表

年份	独立董事					董事长兼任总经理		
	披露的公司数（家）	独立董事人数				披露的公司数（家）	具体情况	
		1人及以下占比	2~3人占比	4~5人占比	6人及以上占比		是	否
2013年	2430	0	0.7687	0.2198	0.0115	2413	0.2478	0.7522
2014年	2547	0	0.8005	0.1916	0.0079	2518	0.2601	0.7399
2015年	2723	0.0007	0.8101	0.1814	0.0077	2695	0.2679	0.7321
2016年	3034	0.0007	0.8243	0.1668	0.0082	2991	0.2865	0.7135

1.3.6 高管激励统计分析

一、高管激励的计量

高管激励包括薪酬激励和股权激励，其计量指标见表1-10。其中，“管理层薪酬”是董事、监事及高管年薪总额（不包含独立董事、独立监事领取的津贴）和董事、监事及高管津贴总额（不包含独立董事、独立监事领取的津贴）两者之和；“净利润”是指公司实现的净利润；“支付给职工以及为职工支付的现金”是指公司实际支付给职工，以及为职工支付的现金，包括本期实际支付给职工的工资、奖金、各种津贴和补贴等，以及为职工支付的养老保险、待业保险、补充养老保险、住房公积金，支付给职工的住房困难补助，支付的离退休人员的费用等，但不包括支付给在建工程人员的工资；“股本总数”是指公司发行的A股总数量。

表1-10 激励机制的计量指标及其代码表

指标		代码
薪酬激励	管理层薪酬/净利润	CX1
	管理层薪酬/支付给职工以及为职工支付的现金	CX2
股权激励	管理层持股/股本总数	GQ1
	董事会持股/管理层持股	GQ2
	监事会持股/管理层持股	GQ3
	高管持股/管理层持股	GQ4

二、上海证券交易所和深圳证券交易所管理层激励统计分析

上海证券交易所和深圳证券交易所上市公司管理层激励统计结果，见表 1-11 和图 1-13。从表 1-11 和图 1-13 中可以发现以下信息。

①“管理层薪酬/净利润”（CX1）和“管理层薪酬/支付给职工以及为职工支付的现金”（CX2）变化较小，在 1%～2% 区间上下波动。

②“管理层持股/股本总数”（GQ1）总体上呈上升趋势，从 2003 年的 0.14% 上升到 2016 年的 5.99%。

③“董事会持股/管理层持股”（GQ2）最大，大部分年份稳定在 88%～90%；其次是“高管持股/管理层持股”（GQ4）；“监事会持股/管理层持股”（GQ3）比例较小，呈下降趋势。

表 1-11　沪市和深市上市公司高管激励统计表

年份	薪酬激励		股权激励			
	CX1	CX2	GQ1	GQ2	GQ3	GQ4
2003 年	0.0138	0.0136	0.0014	0.7857	0.0779	0.3677
2004 年	0.0146	0.0139	0.0042	0.8843	0.0299	0.3562
2005 年	0.0169	0.0132	0.0047	0.8924	0.0226	0.3039
2006 年	0.0139	0.0127	0.0078	0.8817	0.0214	0.3147
2007 年	0.0115	0.0134	0.0136	0.8766	0.0233	0.3624
2008 年	0.0156	0.0129	0.0183	0.8861	0.0184	0.3563
2009 年	0.0142	0.0140	0.0254	0.8942	0.0167	0.3610
2010 年	0.0141	0.0152	0.0399	0.8922	0.0160	0.3821
2011 年	0.0156	0.0151	0.0521	0.8916	0.0137	0.3706
2012 年	0.0186	0.0147	0.0562	0.8944	0.0119	0.3446
2013 年	0.0180	0.0140	0.0559	0.8963	0.0108	0.3441
2014 年	0.0180	0.0135	0.0575	0.9025	0.0093	0.3536
2015 年	0.0184	0.0132	0.0600	0.9045	0.0082	0.3401
2016 年	0.0167	0.0133	0.0599	0.9116	0.0075	0.3365

三、股权激励的类型和标的物来源统计分析

中国上市公司的股权激励可以分为股票增值权、股票期权、限制性股票等类型，股权激励的标的物来源一般有定向发行、股东转让、回购、公司利润等四种。其计量方法见表 1-12。

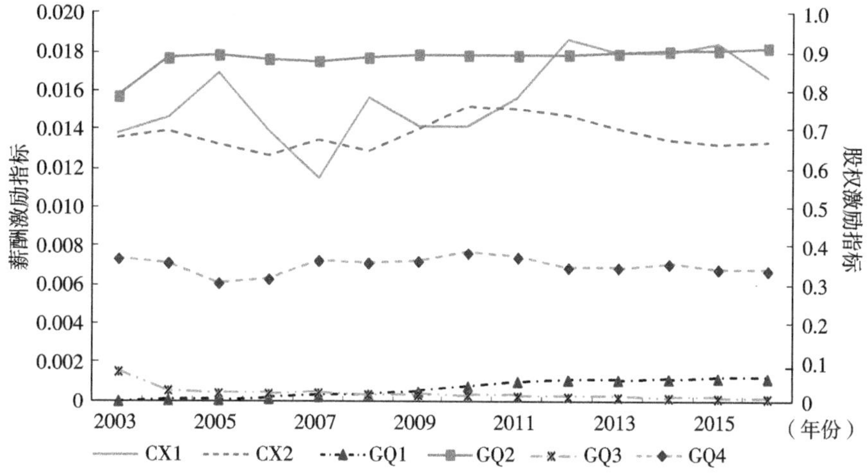

图 1－13　沪市和深市上市公司薪酬激励和股权激励统计图

表 1－12　股权激励的类型和标的物来源及其计量方法

类别	激励标的物			激励股票占总股本比例	标的物来源			
指标	股票增值权	股票期权	限制性股票	—	定向发行	股东转让	回购	利润
计量方法	股票增值权/股权激励总数	股票期权/股权激励总数	限制性股票/股权激励总数	均值	定向发行/股权激励总数	股东转让/股权激励总数	回购/股权激励总数	利润/股权激励总数

上海证券交易所和深圳证券交易所上市公司股权激励的类型和标的物来源统计分析结果，见表 1－13。根据表 1－13 中的数据，可以绘制出图 1－14 和图 1－15。

从表 1－13 和图 1－14 中可以发现以下信息。

①采用股票期权和限制性股票进行股权激励的公司较多，而采用股票增值权进行股权激励的公司较少，其数量呈下降趋势。

②采用股票期权进行股权激励的公司数量呈下降趋势，采用限制性股票

进行股权激励的公司数量呈上升趋势。2012 年以前，采用股票期权进行股权激励的公司多于采用限制性股票进行股权激励的公司；2012 年以后，采用股票期权进行股权激励的公司少于采用限制性股票进行股权激励的公司。

从表 1－13 和图 1－15 中可以发现：定向发行是股权激励标的物的主要来源，所占比例在 80% 以上，而且呈上升趋势，2017 年高达 98.39%；而标的物来源于股东转让、回购、公司利润等的公司很少。

表 1－13　沪市和深市上市公司股权激励统计分析表

年份	激励标的物			标的物来源				激励股票占总股本比例（%）
	股票增值权	股票期权	限制性股票	定向发行	股东转让	回购	利润	均值
2006 年	0.0238	0.7619	0.2143	0.8571	0.0476	0.0714	0.0238	2.5299
2007 年	0.1250	0.8125	0.0625	0.8125	0.0000	0.0625	0.1250	2.5299
2008 年	0.0313	0.7969	0.1719	0.8281	0.0625	0.0781	0.0313	2.5312
2009 年	0.0000	0.6923	0.3077	0.8462	0.0000	0.1538	0.0000	2.5612
2010 年	0.0256	0.7692	0.2051	0.9744	0.0000	0.0000	0.0256	2.5312
2011 年	0.0305	0.6489	0.3206	0.9389	0.0076	0.0229	0.0305	2.5212
2012 年	0.0347	0.4792	0.4861	0.9306	0.0000	0.0347	0.0347	2.5231
2013 年	0.0000	0.4599	0.5401	0.9840	0.0000	0.0160	0.0000	2.5225
2014 年	0.0162	0.3351	0.6486	0.9676	0.0000	0.0162	0.0162	2.5275
2015 年	0.0136	0.2364	0.7500	0.9773	0.0000	0.0091	0.0136	2.5260
2016 年	0.0114	0.2319	0.7567	0.9734	0.0000	0.0152	0.0114	2.5321
2017 年	0.0046	0.2110	0.7844	0.9839	0.0000	0.0115	0.0046	2.5264

1.3.7　并购重组统计分析

中国上市公司并购重组的类型有股权转让、吸收合并、要约收购、债务重组、资产剥离、资产收购、资产置换等。在并购重组中，可能发生控制权转移，也可能不会发生控制权转移。并购重组采用的支付方式包括现金支付、非现金资产支付、承担债务、股票支付，以及上述支付方式的组合。并购重组类型和控制权是否转移统计分析结果见表 1－14，并购重组采用的支付方式统计分析结果见表 1－15。根据表 1－14 中的数据，可以绘制出图 1－16。根据表 1－15 中的数据，可以绘制出图 1－17。

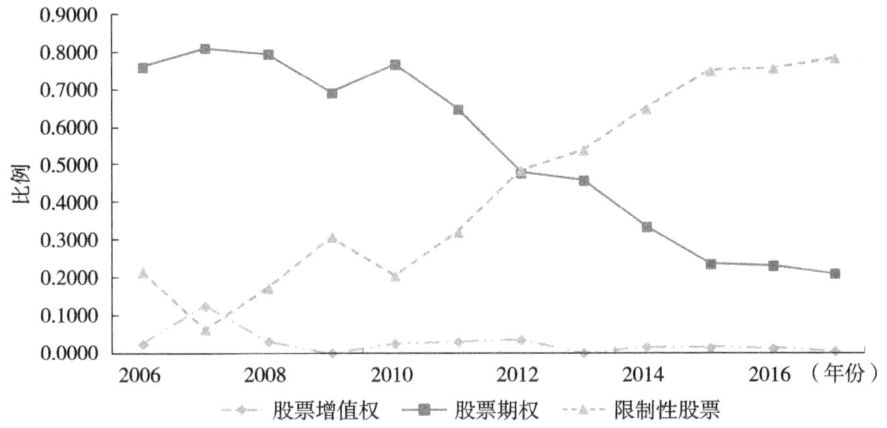

图 1－14　沪市和深市上市公司股权激励类型

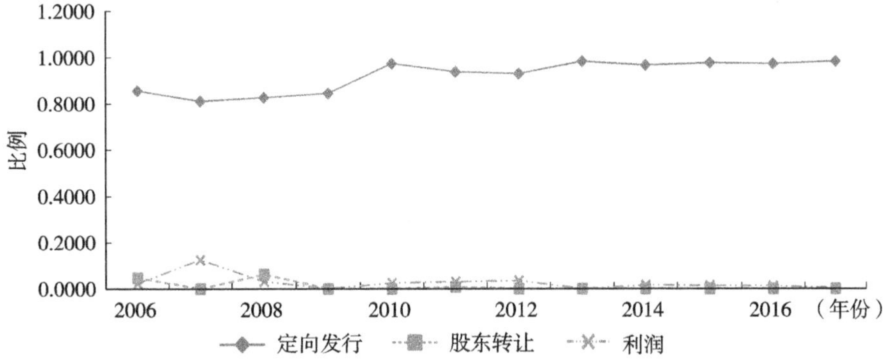

图 1－15　沪市和深市上市公司股权激励标的物来源

从表 1－14 和图 1－16 中可以发现以下信息。

①通过股权转让进行并购重组的公司最多，而且总体上呈上升趋势，从 2008 年的 30.92% 上升到 2012 年的 66.14%，2012 年以后有所下降，2017 年为 53.88%。

②通过资产收购和资产剥离进行并购重组的公司较多，2017 年分别为 29.48% 和 14.92%。而采用吸收合并、要约收购、债务重组、资产置换等方式进行并购重组的公司很少。

从表1－15和图1－17中可以发现：在并购重组中，现金支付是最普遍的支付方式，其次是股票支付，而采取非现金资产支付、承担债务等支付方式的公司很少；绝大多数公司采取现金支付方式，2008年为89.8%，以后逐步上升，到2017年上升到97.26%；2008年采取股票支付的公司占比为5.02%，以后逐步下降，到2017年下降为0.91%。

表1－14　沪市和深市上市公司并购重组类型和控制权是否转移统计分析结果

年份	并购重组类型							控制权是否转移		
	股权转让	吸收合并	要约收购	债务重组	资产剥离	资产收购	资产置换	是	否	未披露
2008	0.3092	0.0114	0.0008	0.0306	0.2170	0.4191	0.0119	0.2315	0.3932	0.3753
2009	0.3383	0.0120	0.0009	0.0120	0.1974	0.4317	0.0079	0.2007	0.3349	0.4643
2010	0.4550	0.0073	0.0002	0.0058	0.1506	0.3777	0.0033	0.2251	0.3981	0.3768
2011	0.5419	0.0091	0.0010	0.0033	0.1382	0.3032	0.0033	0.1926	0.3312	0.4762
2012	0.6614	0.0059	0.0005	0.0030	0.0998	0.2266	0.0028	0.1715	0.2544	0.5741
2013	0.5512	0.0036	0.0004	0.0019	0.1488	0.2895	0.0046	0.1220	0.1946	0.6834
2014	0.6073	0.0041	0.0011	0.0011	0.1219	0.2610	0.0034	0.1241	0.2935	0.5824
2015	0.5815	0.0045	0.0011	0.0038	0.1521	0.2544	0.0025	0.1274	0.2378	0.6349
2016	0.5674	0.0056	0.0016	0.0031	0.1503	0.2707	0.0015	0.1480	0.2388	0.6132
2017	0.5388	0.0064	0.0009	0.0057	0.1492	0.2948	0.0041	0.1480	0.2503	0.6017

表1－15　并购重组支付方式统计分析结果

年份	现金支付	非现金资产支付	承担债务	股票支付	现金和股票组合支付	现金和非现金资产组合支付	现金和承担债务组合支付	其他支付方式
2008	0.8980	0.0091	0.0049	0.0502	0.0049	0.0049	0.0026	0.0254
2009	0.9188	0.0046	0.0031	0.0312	0.0044	0.0017	0.0009	0.0353
2010	0.9261	0.0026	0.0036	0.0384	0.0021	0.0026	0.0004	0.0241
2011	0.9326	0.0014	0.0028	0.0203	0.0037	0.0010	0.0012	0.0369
2012	0.9375	0.0017	0.0014	0.0158	0.0037	0.0017	0.0006	0.0376
2013	0.9323	0.0016	0.0015	0.0190	0.0136	0.0013	0.0001	0.0306
2014	0.9217	0.0015	0.0006	0.0218	0.0287	0.0008	0.0006	0.0243

续表

年份	现金支付	非现金资产支付	承担债务	股票支付	现金和股票组合支付	现金和非现金资产组合支付	现金和承担债务组合支付	其他支付方式
2015	0.9450	0.0022	0.0006	0.0209	0.0253	0.0012	0.0028	0.0020
2016	0.9557	0.0027	0.0019	0.0127	0.0205	0.0014	0.0033	0.0018
2017	0.9726	0.0018	0.0007	0.0091	0.0124	0.0015	0.0016	0.0003

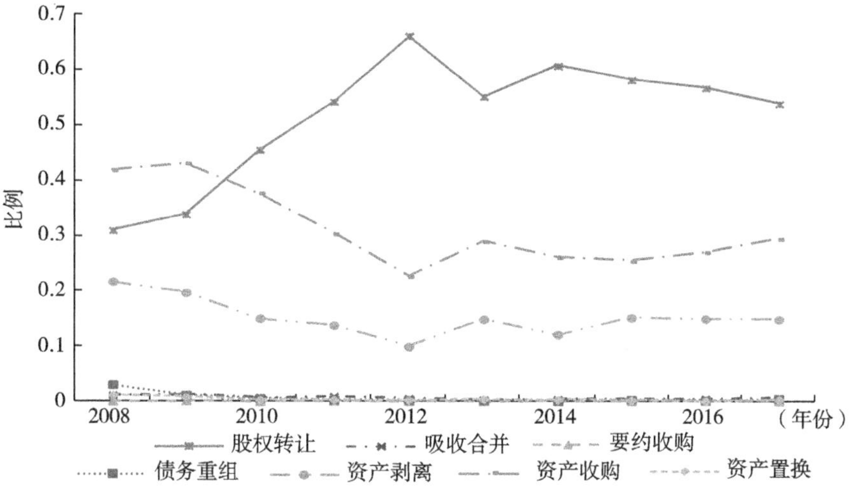

图 1－16　沪市和深市上市公司并购重组类型

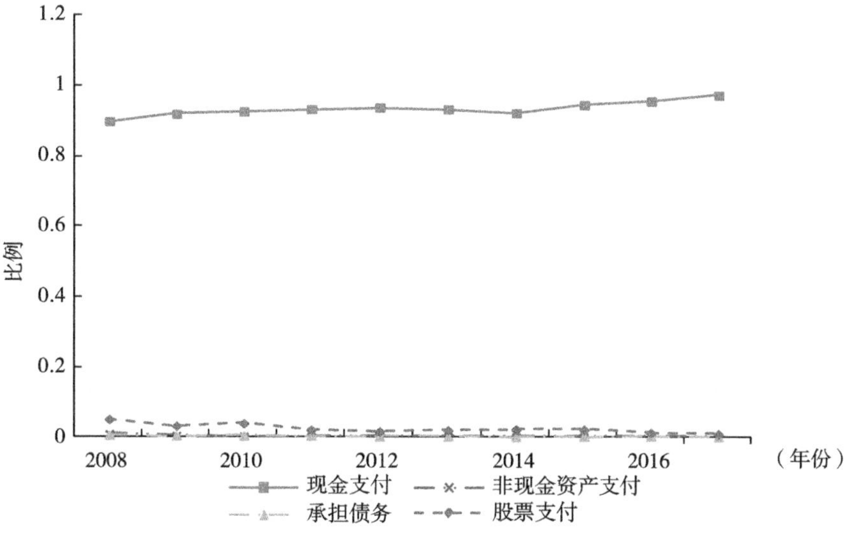

图 1－17　沪市和深市上市公司并购重组支付方式统计图

第 2 章
公司财务理论与政策

CHAPTER 2

2.1 公司财务理论的历史演进

企业财务管理随着股份经济的出现而产生，随着公司制企业的发展而发展。15 世纪末 16 世纪初，随着西方资本主义的萌芽和发展，地中海沿岸的一些商业城市出现了股份经济。股份经济的发展客观上要求企业预测资金需要量，筹集资金，但由于这一时期企业的资金需要量不大，筹资渠道和筹资方式比较单一，资金筹集附属于经营管理，没有成为一种独立的财务管理活动。

19 世纪末 20 世纪初，股份公司迅速发展起来，逐渐成为占主导地位的企业组织形式。企业的资金需求量不断增加，筹资渠道和筹资方式日益多样化，企业的发展越来越依赖于资金筹集。于是，企业财务管理开始从经营管理中分离出来，成为公司内部一个独立的职能部门，其主要职能是预测资金需要量，筹集生产经营所需资金。财务理论研究关注的主要问题也是资金筹集。美国财务学者格林（Green）1897 年出版的《公司财务》对资金筹集进行了详细阐述，被认为是最早的财务研究著作。米德（Meade）在 1910 年出版的《公司财务》中，对企业如何有效筹集资金进行了探讨。

在 1929—1933 年爆发于美国，波及整个资本主义世界的经济大危机中，许多银行倒闭，工厂破产，工人失业，投资者损失惨重。为了保护投资者的利益，西方各国政府纷纷颁布法规，加强对证券市场的监管。美国政府分别于 1933 年和 1934 年颁布《联邦证券法》和《证券交易法》，对证券发行与交易进行管理与监督。企业发行证券、筹集资金必须依法进行。这一时期公司财务理论研究的重点是如何依照法律法规筹措资本，加强内部控制，有效运用资金，开始从扩张性的外部融资转向防御性的内部资金管理。美国财务学者洛弗（W. H. Lough）在《企业财务》中指出，要对筹集资金的周转进行有效管理。英国财务学者罗斯（T. G. Rose）在《企业内部财务论》中强调，资本的有效运用是财务理论研究的重心。此外，在二十世纪三四十年代，还出现了一些具有较高学术价值的财务研究著作，比如格雷厄姆和多德（B. Graham and D. L. Dodd，1934）出版的《证券分析》，威廉姆斯（J. B. Williams，1937）出版的《投资价值理论》；达文（A. S. Dewing，1938）出版的《企业理财政策》等。

20 世纪 50 年代以后，市场竞争越来越激烈，出现了买方市场。单纯依靠融资扩大规模已经越来越难以适应市场需要，如何合理配置资金，提高资金利用效率，降低经营风险成为公司财务管理面临的主要问题。相应地，资金的时间价值、固定资产投资（资本预算）、资本结构、股利政策等成为财务理论研究的重点。许多财务学者对这些问题进行了深入、系统的研究，取得了丰硕的成果。这一时期是财务理论研究大发展、大繁荣的时期。标志性的研究成果有：迪安（Joel Dean，1951）出版的《资本预算》；马科维茨（H. M. Markowitz，1952）提出的资产组合理论；莫迪格莱尼和米勒（Franco Modigliani and Merto H. Miller，1958）提出的 MM 理论；夏普（William Sharpe，1964）、林特纳（John Lintner，1965）和莫森（Jan Mossin）提出的资本资产定价模型（Capital Asset Pricing Model，CAPM）；布莱克和斯科尔斯（Fisher Black and Myron Scholes，1973）创立的期权定价模型（Option Pricing Model，OPM）；斯蒂芬·罗斯（Stephen Ross，1976）提出的套利定价理论（Arbitrage Pricing Theory，APT）。

20 世纪 80 年代以来，主流财务理论遇到了越来越大的挑战。行为财务理论在挑战主流财务理论的过程中发展起来，通过引入被主流财务理论抽象掉的心理、文化、制度等因素，对不符合主流财务理论的财务异象做出了全新的解释。

20 世纪 80 年代后期，随着跨国公司的发展，进出口贸易筹资、外汇风险管理、国际转移价格、国际税收等问题成为财务管理研究的热点，国际财务管理成为财务学的一个分支。

二十世纪八九十年代，数学方法、应用统计、计算机技术等开始应用于企业财务管理，财务管理信息系统由此产生。随着信息技术和网络技术的发展，企业财务管理正在走向信息化、网络化的新阶段。

2.2 经典筹资理论

2.2.1 梅耶斯和迈基里夫的优序融资理论

1961 年，唐纳森（Donaldson）率先提出了优序融资的思想，认为管理者具有一种强烈的融资偏好，即把企业内部产生的资金作为一种新的资金来源。

1984 年，梅耶斯和迈基里夫（S. C. Myers and N. S. Majluf）在《财务经济学刊》上发表《企业知道投资者所不知道信息时的融资和投资决策》（*Corporate Financing and Investment Decisions When Firms Have Information That Investors Do Not Have*），构建起不对称信息下的新优序融资理论。梅耶斯和迈基里夫认为，企业有一种内部融资偏好，优先选择内部融资，如果需要外部融资，那么，在债务融资和股权融资之间，会优先选择债务融资。即企业选择融资方式的先后顺序如下：留存收益（内部资金）—安全性债务（债券）—风险较大的债务—优先股—普通股。所以，发行权益性证券会向市场传递出负面信息。

2.2.2 资本结构理论

广义的资本结构是指资产负债表右边各项目的构成和比例，即负债和所有者权益各项目的构成和比例。但通常我们主要关注的是长期资本，一般用“长期负债总额/资产总额”（D/A）、“长期负债总额/所有者权益总额”（D/E）等来衡量资本结构。资本结构理论主要研究资本结构与公司价值的关系，即负债的变化如何影响加权平均资本成本和公司价值。

资本结构理论可以分为早期资本结构理论和现代资本结构理论。1958 年莫迪格莱尼和米勒（Franco Modigliani and Merton H. Miller）提出的 MM 理论，是现代资本结构理论形成的标志。MM 理论之前的资本结构理论，统称为早期资本结构理论。

一、早期资本结构理论

1952 年，大卫·杜兰特（David Durand）在美国国家经济研究局召开的公司理财研究学术会议上发表了《公司的债务和权益资本成本：趋势和计量问题》（*Costs of Debt and Equity Funds for Business*：*Trends and Problems of Measurement*）一文，把早期有关资本结构的研究成果归纳为三种资本结构理论，即净收入理论（Net Income Theory）、净营业收入理论（Net Operating Income Theory）和传统理论（Traditional Theory）。

1. 净收入理论（Net Income Theory）

净收入理论认为，随着负债的增加，加权平均资本成本会下降，公司价值会上升，即负债可以提高公司价值。

净收入理论建立在以下两个假设的基础上：第一，债务资本成本小于权益资本成本；第二，债务资本成本和权益资本成本都不会因负债的增加而变化。显然，在上述假设下，负债的增加会引起加权平均资本成本的下降和公司价值的上升。

净收入理论的主要问题有：第一，根据净收入理论，100% 负债时公司价值最大，但在实际工作中很少出现 100% 负债的公司；第二，根据资本资产定价模型，负债的增加会引起财务风险增加，从而引起债务资本成本和权益资本成本上升。“债务资本成本和权益资本成本都不会因负债的增加而上升”的假设不符合实际。

2. 净营业收入理论（Net Operating Income Theory）

净营业收入理论认为，负债的增加不会引起加权平均资本成本的变化，公司价值与资本结构无关。

净营业收入理论建立在以下两个假设的基础上：第一，债务资本成本小于权益资本成本；第二，债务资本成本和权益资本成本因负债的增加而上升。一方面，由于债务资本成本小于权益资本成本，加权平均资本成本随负债的增加而下降；另一方面，债务资本成本和权益资本成本因负债的增加而上升，又会引起加权平均资本成本上升。一降一升，互相抵消，加权平均资本成本不随负债的增加而变化。

净营业收入理论的主要问题有：第一，“公司价值与资本结构无关”意味着研究资本结构没有意义，但实际上，不管是在理论界还是实务界，资本结构安排都是一个十分重要的问题；第二，升降正好互相抵消的可能性不大，如果升降不能完全抵消，负债会影响加权平均资本成本和公司价值。

3. 传统理论（Traditional Theory）

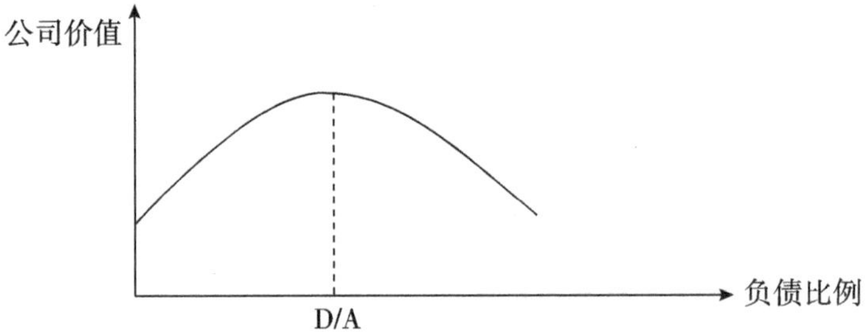

图 2－1　传统理论

传统理论认为，适度的负债有利于提高公司价值。在一定范围之内，随着负债的增加，公司价值会上升；但当负债比例超过了这一限度之后，公司价值会随负债的增加而下降。这一限度称为最佳资本结构，即公司价值最大时的负债比例，见图 2－1 中的“D/A”点。

二、现代资本结构理论

现代资本结构理论是在 1958 年莫迪格莱尼和米勒提出的 MM 理论的基础上逐步发展起来的。MM 理论假定市场是完美的，没有考虑公司所得税、破产成本、代理成本、个人所得税、信息不对称，以及股权和债权在公司治理中的差异等很多因素。通过放宽 MM 理论的这些前提条件，形成了很多资本结构理论。引入公司所得税后称为“修正的 MM 理论”，引入破产成本之后称为权衡理论，引入代理成本之后称为代理成本理论，引入个人所得税之后称为米勒均衡模型，引入信息不对称之后称为信息不对称理论，引入股权和债权在公司治理中的差异之后称为控制权理论。下面分别对这些资本结构理论进行简要介绍。

1. MM 理论

MM 理论是莫迪格莱尼和米勒在《美国经济评论》上发表的《资本成本、公司财务和投资理论》（*The Cost of Capital*, *Corporation Finance and the Theory of Investment*）一文中提出的资本结构理论。MM 理论认为，任何公司的市场价值独立于其资本结构，即负债比率与公司价值无关，公司价值由其投资政策决定。

MM 理论建立在一系列假设的基础上：第一，资本市场没有摩擦，没有交易成本，没有政府限制，可以自由交易；第二，个人与企业都能按无风险利率借入或贷出资金；第三，投资者可按个人意愿进行各种套利活动，不受任何法律限制，没有公司所得税，也不存在个人所得税；第四，企业经营风险相同，且所属的风险等级一致；第五，不同投资者对企业未来收益及风险的预期相同；第六，企业增长率为零，即企业息税前利润（EBIT）固定不变，财务杠杆产生的收益全部归属股东；第七，企业的 EBIT 是永续年金。

2. 修正的 MM 理论（引入公司所得税）

1963 年 6 月，莫迪格莱尼和米勒又在《美国经济评论》上发表《公司所得税及资本成本：一个纠正》（*Corporate Income Taxes and the Cost of Capital*：*A Correction*），通过引入公司所得税对 1958 年提出的 MM 理论进行了修正。

修正的 MM 理论认为，在考虑公司所得税的情况下，税前扣除的债务利息可以抵减所得税，即具有税盾作用，可以带来节税收益。有负债公司的价值等于无负债公司的价值加上节税收益的现值。因为节税收益总是大于 0，所以，有负债公司的价值大于无负债公司的价值，即负债可以提高公司价值。负债越多，节税收益越多，公司价值越大。当负债达到 100% 时，公司价值最大。公司价值并不独立于资本结构。

修正的 MM 理论只考虑了债务税盾的正面影响，却忽略了债务增加产生的副作用，比如财务风险增加、资本成本上升等，所以其得出的结论也不符合实际。

3. 权衡理论（引入破产成本）

权衡理论（The Tradeoff Theory）是从修正的 MM 理论中引申出来的，认为最优资本结构取决于负债的节税收益和破产成本之间的权衡。

一方面，负债可以带来节税利益；另一方面，负债也会引起财务风险增加，甚至会导致财务危机，产生破产成本。权衡理论综合考虑了负债的正面影响和负面影响，认为应该在负债的节税收益与破产成本现值之间进行权衡。

当负债水平较低时，破产成本可以忽略不计，税盾效应起决定作用。随着负债的增加，破产成本上升，税盾效应逐渐被抵消。最优资本结构是边际节税收益等于边际破产成本时的负债水平。

4. 代理成本理论（引入代理成本）

1976 年，简森和麦克林（Jensen and Meckling）在《财务经济学刊》上发表《公司理论：管理行为、代理成本和所有权结构》（*Theory of the Firm: Managerial Behavior, Agency Costs and Ownership Structure*），放弃了 MM 理论框架，提出了代理成本理论，从代理冲突和代理成本角度研究资本结构问题。

代理成本理论认为，股份公司中存在两种利益冲突，即股东与经理之间的利益冲突和债权人与股东之间的利益冲突。股东与经理之间的利益冲突会产生外部股权代理成本，包括委托人（股东）的监控支出、代理人（经理）的管束支出和剩余损失；而债权人与股东之间的利益冲突会产生债务代理成本，包括破产成本、与债务相关的激励影响，以及债务激励影响产生的监控成本。这两种代理成本决定了债权与股权的比例，最优资本结构是总代理成本最小时的负债水平，即边际股权代理成本和边际债权代理成本相等时的负债水平。

5. 米勒均衡模型（引入个人所得税）

1977 年，米勒在《财务学刊》上发表的《债务和税收》（Debt and Taxes）一文，通过构建模型说明了负债的杠杆作用产生的收益与公司所得税、普通股收入的个人所得税、债券收入的个人所得税之间的关系。模型如下：

$$G_L = \left[1 - \frac{(1-\tau_C)(1-\tau_{PS})}{1-\tau_{PB}}\right]B_L \qquad (2-1)$$

在式 2－1 中，G_L 表示负债的杠杆作用产生的收益，τ_C 表示公司所得税税率，τ_{PS}表示普通股收入的个人所得税税率，τ_{PB}表示债券收入的个人所得税税率，B_L 表示债务的市场价值。

从式 2－1 中可以得出以下结论。

①如果 $\tau_C=\tau_{PS}=\tau_{PB}=0$，即没有税收，那么 $G_L=0$，即负债与公司价值无关。这就是无税的 MM 模型的结论。

②如果 $\tau_{PS}=\tau_{PB}=0$，且 $\tau_C>0$，那么 $G_L=\tau_C\cdot B_L>0$，即负债可以提高公司价值。这就是修正的 MM 理论（引入公司所得税）。

③如果 $(1-\tau_C)(1-\tau_{PS})<(1-\tau_{PB})$，那么 $G_L>0$，即负债也可以提高公司价值。

④如果 $(1-\tau_C)(1-\tau_{PS})>(1-\tau_{PB})$，那么 $G_L<0$，即负债会造成公司价值的损失。

⑤如果 $(1-\tau_C)(1-\tau_{PS})=(1-\tau_{PB})$，那么 $G_L=0$，即负债与公司价值无关。也就是说，即使考虑公司所得税、普通股收入的个人所得税和债券收入的个人所得税，公司价值也可能独立于资本结构。

6. 信息不对称理论（引入信息不对称）

信息不对称理论认为，与外部投资者相比，经营者拥有信息优势。资本结构可以传递出有关公司价值的信息，并影响外部投资者的决策。

经营者比外部投资者更了解公司内部的经营活动、未来收益和潜在风险，不同的资本结构会传递出不同的信号。外部投资者根据资本结构传递的信息，评估公司市场价值，进行投资决策。经营者可以通过选择资本结构提高公司的市场价值。

信息不对称理论（引入信息不对称）也称为资本结构的信号模型，包括利兰－派尔（Leland and Plye）模型、罗斯（Ross）模型，以及前面述及的梅耶斯－迈基里夫（Myers and Majluf）模型。

（1）利兰－派尔模型

1977 年，利兰和派尔（Hayne E. Leland and David H. Pyle）在《财务学刊》上发表《信息不对称、财务结构和金融中介》（*Informational Asymmetries, Financial Structure, and Financial Intermediation*）。利兰和派尔在文中指出，MM 理论建立在信息对称的假设之上，然而，债权人与经营者之间存在严重的信息不对称。在信息不对称情况下，为了使融资能够顺利进行，借贷双方必须进行信息交流，传递信号就是一种信息交流的方式。比如，掌握内幕信息的经营者用自己的资金进行投资，可以向债权人传递一个积极的信号，即投资项目是好的，债权人可以据此评估投资项目的价值。

利兰和派尔认为，投资项目的风险越大，债务的最优水平越低。债务水平与经营者持股比例有关，经营者持股比例的变化会引起预期收益的变化，从而引起企业价值的变化。如果预期股票价格上涨，经营者会增加自己的持股比例；如果预期股票价格下降，经营者期望与投资者共担风险，会选择发行新股来降低自己的持股比例。所以，投资者可以根据经营者所持股份比例的大小来判断公司的投资价值。

（2）罗斯模型

1977 年，罗斯（Stephen A. Ross）在《贝尔经济学刊》上发表《财务结构的决定：激励—信号方法》（*The Determination of Financial Structure*：*The Incentive - Signaling Approach*），创造性地将对经营者的激励机制引入信号传递模型中，将经营者的报酬与资本结构联系起来。罗斯认为，在激励方案约束下，管理者选择的融资方式可以向市场传递出有关企业好坏或价值的信息。

7. 控制权理论（引入股权和债权在公司治理中的差异）

20 世纪 80 年代，理论界开始注意到股权和债权在公司治理中的差异。股票和债券的差异不仅表现为两种不同的融资方式，以及对收益的索取权不同（债权人取得固定利息，而股东取得剩余收益），更重要的是它们在公司治理中具有不同的功能。普通股股东拥有表决权，而债权人没有表决权，不参与公司管理。因此，不同的资本结构会导致投票权分配的差异，而投票权的差异直接影响企业控制权的分配或转移。经营者可以通过影响资本结构中的投票权分配来影响公司价值。斯塔尔茨（René M. Stulz），哈里斯和拉维（Harris and Raviv），以及伊斯雷尔（Israel）先后提出了三种具有代表性的资本结构控制权理论。

（1）斯塔尔茨的资本结构控制权理论

1988 年，斯塔尔茨在《财务经济学刊》第 20 卷上发表的《表决权的管理人控制：融资政策与公司控制权市场》（*Managerial Control of Voting Rights*：*Financing Policies and the Market for Corporate Control*）一文中，构建了斯塔尔茨的资本结构控制权模型。

斯塔尔茨模型具有以下显著特点。

第一，资本结构会影响企业表决权的分布，管理者所掌握的表决权比例会影响企业价值。通过改变资本结构，管理者可以提高或降低自己掌握的表决权比例，从而影响企业价值。

第二，通过对表决权的控制，管理者可以对收购方行为、收购溢价和收购概率施加影响。收购溢价是管理者掌握的目标公司表决权比例的递增函数，恶意收购的概率随管理者掌握的目标公司表决权比例的增加而减少。

第三，管理者所掌握的表决权比例对收购中目标企业价值的影响是模棱两可的。一方面，如果管理者所掌握的表决权比例太高，目标公司被恶意收购的概率会下降，目标公司的价值会因缺少收购溢价而降低；另一方面，如果管理者所掌握的表决权比例太低，收购方又不愿意或认为不值得为取得公司控制权而支付较高的收购溢价。因此，存在一个使企业价值最大化的唯一的表决权比例。

在斯塔尔茨模型中，管理者所掌握的表决权比例是联系资本结构、公司控制权市场和企业价值的重要纽带。对于管理者所掌握的表决权比例与公司控制权市场的关系，斯塔尔茨认为，随着管理者所掌握的表决权比例的提高，收购方在收购中的预期价值将降低；从收购方的角度来看，只要管理者所掌握的表决权比例不是如此之高，以至于使收购变成一项净现值为负的投资项目，那么，最优收购溢价是管理者所掌握的目标公司表决权比例的递增函数。对于管理者所掌握的表决权比例与企业价值的关系，斯塔尔茨认为，二者之间存在一种曲线关系。一方面，管理者所掌握表决权比例的上升提高了收购方的收购溢价；另一方面，管理者所掌握表决权比例的上升又降低了被收购的概率。当管理者所掌握表决权比例接近 1/2 时，目标公司被成功收购的概率越来越小。所以，应存在一个最优的表决权比例。

（2）哈里斯和拉维的资本结构控制权理论

同样是在 1988 年，同样是在《财务经济学刊》第 20 卷上，哈里斯和拉维（Milton Harris and Artur Raviv）发表《公司控制权竞争与资本结构》（*Corporate Control Contests and Capital Structure*）。哈里斯和拉维认为：一方面，由

于普通股股东享有表决权，而债权人没有表决权，所以，管理者对负债—权益比率的不同选择会影响表决结果，会影响公司的控制权，在职管理者有可能通过改变资本结构来左右公司控制权；另一方面，管理者对负债—权益比率的选择不是随心所欲的，虽然提高负债—权益比率可以降低在职管理者被赶走的可能性，但同时会增大公司破产的可能性，增加对管理者的限制条款，减少管理者可以自由支配的现金流。因此，管理者选择的资本结构是对上述因素进行权衡的结果。

哈里斯和拉维把财务杠杆（负债）的增加看成一种反收购的方法，把资本结构与公司控制权市场联系起来。当出现收购对手时，公司股票价格会上升，上升幅度取决于在职管理者对公司的控制。而在职管理者对公司的控制力又与负债水平有关，目标公司负债水平的上升会降低收购成功的可能性。哈里斯和拉维发现：平均而言，目标公司会提高债务水平；不成功要约收购中的目标公司要比成功收购中的目标公司发行更多的债；在出现代理表决权竞争的公司里，竞争对手无法成功控制公司时发行的债少于竞争对手能够成功控制公司时发行的债。

（3）伊斯雷尔的资本结构控制权理论

1991 年，伊斯雷尔（Ronen Israel）在《财务学刊》上发表《资本结构与公司控制权市场：债务融资的防御作用》（*Capital Structure and the Market for Corporate Control*：*The Defensive Role of Debt Financing*）。与斯塔尔茨模型和哈里斯－拉维模型认为资本结构通过影响表决权在管理者和外部股东之间的分布进而影响收购结果不同，伊斯雷尔认为，资本结构通过影响现金流在有表决权证券（普通股）和无表决权证券（债券）之间的分布进而影响收购结果。资本结构对协同利益在收购方和目标公司之间的分配产生影响，债务水平通过影响收购溢价进而影响企业价值。一方面，较高的债务水平产生较高的债务溢价，使收购的协同利益从收购方转移到目标公司，从而产生负债的价值增加效应；另一方面，较高的债务水平会导致大部分协同利益归属于目标公司的债权人，而目标公司的股东和收购方获得的协同利益较少，这会使收购无利可图，使收购发生的概率下降，从而产生负债的价值减少效应。因此，在职的管理者正是在对负债的价值增加效应和价值减少效应的权衡中选择最优资本结构。

2.3 经典投资理论

2.3.1 有效市场假说

有效市场假说（Efficient Market Hypothesis，EMH）是现代财务学、金融学的理论基石。凭借以有效市场假说为代表的资产定价、投资管理等方面的研究成果，尤金·法玛（Eugene F. Fama）与彼得·汉森（Peter Hansen）、罗伯特·希勒（Robert J. Shiller）一起，荣获了2013年度诺贝尔经济学奖。

早在1889年，乔治·吉布森（George Gibson）在《伦敦、巴黎和纽约的股市》（*The Stock Markets of London，Paris and New York*）一书中，就提出了市场有效思想。乔治·吉布森指出，当股票在一个开放市场公开发行时，其价值可以被看作市场最好的情报员。1970年，尤金·法玛在《财务学刊》上发表的《有效资本市场：理论和实证研究评论》（*Efficient Capital Markets：A Review of Theory and Empirical Work*）中指出，如果有用的信息以不带任何偏见的方式全部在证券价格中得到反映，那么市场是有效率的。与证券价格有关的信息可以分为三类：一是过去的信息，过去的交易量、交易价格，以及以前公布的财务报告中包含的信息等，都是过去的信息；二是过去和现在的信息，今天的交易量、交易价格，以及在财务报告公布日包含在财务报告中的信息，都是现在的信息；三是所有有用的信息，包括尚未公开的内幕信息，比如即将出台的制度或规则、可能发生的人事变动等。相应地，有效市场可以分为三类：一是弱型有效市场，如果过去的信息在证券价格中得到了充分反映，投资者不能利用过去的信息获得超常收益，那么证券市场就是弱型有效的；二是半强型有效市场，如果所有公开的信息，包括过去和现在的信息都在证券价格中得到反映，投资者不能利用公开的信息获得超常收益，那么证券市场就具有半强型效率；三是强型有效市场，如果所有有用的信息都在证券价格中得到反映，那么证券市场就具有强型效率。

关于有效市场，还有以下几点说明。

①市场有效意味着投资者不能获得超常收益。这里的“超常收益”是指超过“按风险调整的市场平均回报率”的那部分收益，“不能获得超常收益”意味着只能获得“按风险调整的市场平均回报率”。简森（Michael C. Jensen）认为，如果根据一组信息从事交易无法赚取经济利润，那么资本市场是有效率的。“经济利润”是指按风险调整的市场平均回报率。

②股票价格的非相关性意味着市场有效性。随机变化的价格，不仅不是市场非理性的证据，而正是众多理性投资者开发有关信息，并对其做出反应的结果。1953 年，英国统计学家肯德尔（Kendall）发现，股市价格遵循随机行走（Random Walk）规律，就像一个醉汉走路一样，“机会之魔每周扔出一个随机数字，把它加在目前的价格上，以此决定下一周的价格”。所以，股票价格的变化难以预测。

③证券价格充分地反映了其内在价值，证券价格与其内在价值的比率趋近于 1。如果证券价格偏离其内在价值，则说明证券市场缺乏效率。证券价格与其内在价值偏离程度越大，证券价格越不合理，市场效率越低。

根据有效市场假说，要找到一只价值高估或低估的股票是不可能的，能力的差别不会导致不同的投资行为，在股票投资中，最聪明的人也不会比最愚蠢的人做得更好。专业的机构投资者的表现通常不会超过股市的平均表现，所以，委托机构投资者进行投资理财，或者按股评家、证券分析师等专业人士的建议去购买股票，通常会得不偿失，事与愿违。

2.3.2　证券组合投资理论

马科维茨（Harry M. Markowitz）在 1952 年的《财务学刊》上发表的《证券组合选择》（*Portfolio Selection*）中，阐述了证券组合投资理论，说明了如何进行分散化投资。马科维茨认为，投资于期望收益率最高的证券是不明智的，证券投资不仅要求收益率高，而且要求收益的不确定性低，即风险小。为了实现这两个目标，投资者应该同时购买多种证券，而不是购买一种证券，即进行组合投资或分散化投资。

组合投资的风险收益可以给投资者带来最大程度的满足，提高投资价值。在实现期望收益的同时，将风险降到最低，或者在将风险控制在可以接受范围内的同时，最大化投资收益。

假设投资组合 P 由 n 种证券构成，每种证券的预期报酬率为 R_i，标准差为 σ_i，在投资组合中所占比例为 W_i，见表 2-1，我们可以计算出投资组合的期望报酬率（R_p）和风险（标准差 σ_p）。

表 2-1　投资组合的预期报酬率和比例

预期报酬率（R_i）	标准差（σ_i）	所占比例（W_i）
R_1	σ_1	W_1
R_2	σ_2	W_2
R_3	σ_3	W_3
…		…
R_n	σ_n	W_n

$$R_p = R_1 \cdot W_1 + R_2 \cdot W_2 + \cdots + R_n \cdot W_n = \sum_{i=1}^{n} R_i \cdot W_i \qquad (2-2)$$

$$\delta_p = \sqrt{\sum_{i=1}^{n}\sum_{j=1}^{n} W_i \cdot W_j \cdot COV_{ij}} \qquad (2-3)$$

在式 2-3 中，COV_{ij}是证券 i 和证券 j 的协方差，即 $COV_{ij} = r_{ij} \cdot \sigma_i \cdot \sigma_j$。其中，$r_{ij}$是证券 i 和证券 j 的相关系数。

当投资比例 W_i 发生变化时，R_p 和 σ_p 也会发生变化，从而形成证券投资组合的机会集，即可能的投资组合，见图 2-2。其中，A 点是最小方差组合，即标准差最小、风险最低的投资组合。

相关系数 r_{ij}不会影响 R_p，但会影响 σ_p。相关系数越小，机会集曲线就越弯曲，风险分散效应就越强。可见，组合投资可以在不影响期望收益率的情况下，降低风险。投资组合中所包含的单项投资之间的相关系数，对组合投资的风险分散效应具有直接影响。

马科维茨的证券组合投资理论建立在一系列假设的基础上。例如：投资者是自利的，追求投资效用的最大化；期望收益率和风险是影响投资决策的主要因素；投资者事先知道投资收益率的概率分布；投资风险可以用投资收益率的方差或标准差表示；投资者是理性的。即在风险相同的情况下，选择收益率较高的证券，在收益率相同的情况下，选择风险最小的证券。

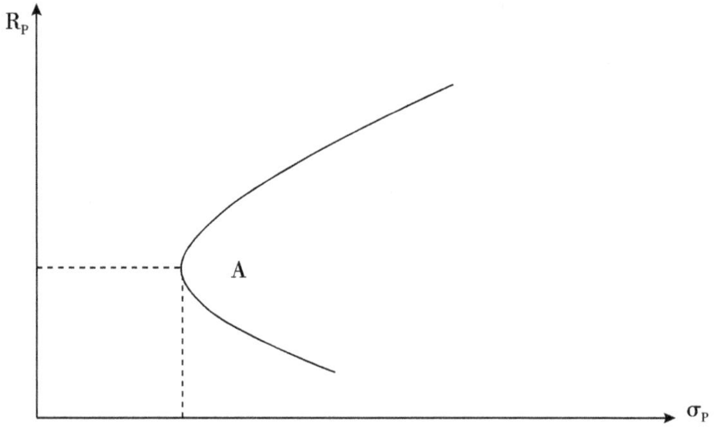

图 2－2 证券投资组合的机会集

2.3.3 资本资产定价模型

资本资产定价模型（Capital Asset Pricing Model，CAPM）是在证券组合投资理论的基础上发展起来的，是在一系列假设下推导得出的。

如果投资者都依据马科维茨的证券组合理论进行投资决策，会对证券价格产生怎样的影响？夏普（William Sharpe）、林特纳（John Lintner）和莫森（Jan Mossin）分别于 1964 年、1965 年和 1966 年独立提出了资本资产定价模型，对这一问题做出了回答。资本资产定价模型又称为 Sharpe－Lintner－Mossin 模型。夏普的论文《资本资产价格：风险条件下的市场均衡理论》（*Capital Asset Prices: A Theory of Market Equilibrium Under Conditions of Risk*）发表在《财务学刊》1964 年第 3 期上，莫森的论文《风险资产估价、股票组合风险投资选择与资本预算》（*The Valuation of Risk Assets and the Selection of Risky Investments in Stock Portfolios and Capital Budgets*）发表在《经济统计评论》1965 年第 1 期上，莫森的论文《资本资产市场中的均衡》（*Equilibrium in A Capital Asset Market*）发表在《计量经济学》1966 年第 4 期上。

资本资产定价模型主要研究证券市场中股票、债券等资本资产的预期收益率与风险之间的关系，即为了补偿一定的风险，投资者应该获得多少额外报酬或风险溢价（Risk Premium）。见式 2－4。

$$E(r_i) = r_f + \beta_i[E(r_m) - r_f] \qquad (2-4)$$

在式2-4中，$E(r_i)$ 是资产i的预期收益率，r_f 是无风险收益率，β_i 是Beta系数，即资产i的系统性风险，$E(r_m)$ 是市场预期收益率，$[E(r_m) - r_f]$ 是预期市场收益率与无风险收益率之差，称为市场风险溢价（Market Risk Premium）。无风险收益率（r_f）可以用国债利率表示，资产i的系统性风险（β_i）可以采用式2-5计算得到。

$$\beta_i = \frac{COV_{im}}{\sigma_m^2} = r_{im}\left(\frac{\sigma_i}{\sigma_m}\right) \qquad (2-5)$$

在式2-5中，COV_{im}是证券i的收益率和市场m的收益率的协方差，即 $COV_{im} = r_{im} \cdot \sigma_i \cdot \sigma_m$。其中，$r_{im}$是证券i的收益率和市场m的收益率的相关系数，$\sigma_m$ 是市场m收益率的标准差，σ_i 是证券i的收益率的标准差。

资本资产定价模型见图2-3，证券市场线（Security Market Line，SML）反映出了期望收益率和风险之间的关系。

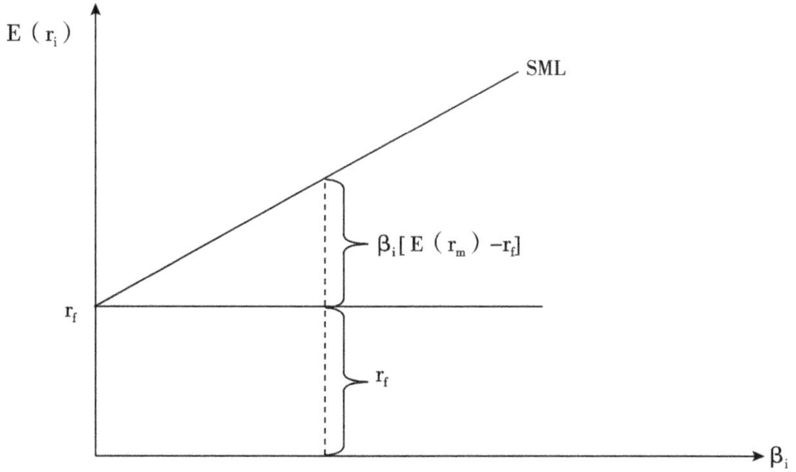

图2-3　证券市场线

除了上述马科维茨的证券组合投资理论所依据的假设外，推导出资本资产定价模型所依据的假设还有：①完全市场假设，即没有交易成本；②信息充分假设，即投资者都可以获得充分的市场信息；③投资者可以按无风险利率无限制地借入或贷出资金；④投资者具有相同的预期，即对收益率、标准差和证券之间的协方差的预期值相同；⑤所有投资者具有相同的投资期限，而且只进行一期投资；⑥不存在通货膨胀。由于这些假设不完全符合实际，所以资本资产定价模型并不是完美无缺的。

2.3.4 期权定价理论

一、期权的含义

期权（Option）是一种合约，该合约赋予持有人在给定日期或者该日期之前以固定价格购进或出售一种资产的权利。

期权是一种选择权，而不是义务。如果有利，持有人会行权；如果不利，持有人可以放弃行权。“行权”即执行期权，根据期权合约买进或卖出资产。买进或卖出资产的价格称为执行价格或敲定价格。

给定日期即到期日。在这一天，期权合约到期；过了这一天之后，期权合约失效。

期权对资产的种类没有限制。如果期权合约中规定的资产是股票，这种期权合约称为股票期权。

二、期权的种类

1. 美式期权和欧式期权

美式期权可以在到期日或到期日之前的任何时间执行，欧式期权只能在到期日执行。

2. 看涨期权和看跌期权

看涨期权（Call Option）赋予持有人在给定日期或者该日期之前以固定价格购进一种资产的权利。如果资产价格上涨，高于期权合约规定的行权价，那么期权就是有价值的，其价值等于资产市场价格减去行权价。此时，持有人会行权。反之，持有人会放弃行权。比如，股票期权合约规定的行权价是每股 50 元，现在股票的市场价格是每股 60 元。持有人选择执行期权合约，按每股 50 元购进股票，如果不想持有，可以按每股 60 元出售，买卖的价差 10 元就是投资收益。

看跌期权（Put Option）赋予持有人在给定日期或者该日期之前以固定价格出售一种资产的权利。如果资产价格下跌，低于期权合约规定的行权价，那么期权就是有价值的。比如，股票期权合约规定的行权价是每股50元，现在股票的市场价格是每股30元，持有人可以在股票市场上按每股30元购进股票，然后以每股50元的行权价出售，买卖的价差20元就是投资收益。

三、股票期权价值的影响因素

以美式期权为例，股票期权价值的影响因素有股票的市场价格、期权合约规定的执行价格、股票价格的波动性（方差）、利率、距离到期日的时间等，见表2-2。

表2-2　美式期权价值的影响因素

影响因素	看涨期权的价值	看跌期权的价值
股票市场价格	+，随股价上涨而上涨	-，随股价上涨而下跌
行权价	-，随行权价上涨而下跌	+，随行权价上涨而上涨
股价的波动性（方差）	+，随股价波动增大而上涨	+，随股价波动增大而上涨
利率（无风险收益率）	+，随利率上升而上涨	-，随利率上升而下跌
距离到期日的时间	+，随距离到期日时间的缩短而下降	+，随距离到期日时间的缩短而下降

四、期权定价：布莱克-斯科尔斯模型

1973年，布莱克和斯科尔斯（Fisher Black and Myron Scholes）在《政治经济学刊》上发表的《期权定价与公司负债》（*The Pricing of Options and Corporate Liabilities*）中，推导出了看涨期权价格的计算公式，见式2-6，称为布莱克-斯科尔斯模型。

$$C = S_0 \cdot N(d_1) - E \cdot e^{-Rt} \cdot N(d_2) \qquad (2-6)$$

在式2-6中，有以下变量。

①S_0表示现在的股票价格。

②E表示期权合约中规定的行权价。

③R表示年无风险利率。

④t表示现在与期权合约规定的到期日之间的时间间隔，以年为单位。比如，现在是2016年8月31日，期权合约规定的到期日是2016年12月31日，现在与到期日之间的时间为122天，换算成年数即约0.334（122/365）年。

⑤e 表示自然对数。

⑥N（d_1）、N（d_2）分别表示标准正态分布下随机变量小于或等于 d_1、d_2 的累积概率。

d_1、d_2 的计算公式如下：

$$d_1 = \frac{\ln(S/E) + \left(R + \frac{1}{2}\sigma^2\right)t}{\sqrt{\sigma^2 \cdot t}} \tag{2-7}$$

$$d_2 = d_1 - \sqrt{\sigma^2 \cdot t} \tag{2-8}$$

在式 2－7 和式 2－8 中，σ^2 表示股票年收益率的方差，其他变量的含义与式 2－6 相同。

布莱克－斯科尔斯模型比较复杂，通过例题可以更好地理解模型中参数的含义和计算方法。

［例 2－1］ 2000 年 10 月 4 日，某公司股票价格为 50 美元，执行价格为 49 美元，到期日是 2001 年 4 月 21 日，看涨期权的收盘价为 4 美元，无风险年利率为 7%，股票年收益率的方差为 9%。请问：股票期权的价值是多少？投资者是否应该购买该期权？①

第一步，计算 t 的值。

从 2000 年 10 月 4 日到 2001 年 4 月 21 日共 199 天，t＝199/365。

第二步，计算 d_1 和 d_2 的值。

$$d_1 = \frac{\ln(50/49) + \left(7\% + \frac{1}{2} \times 9\%\right) \times \frac{199}{365}}{\sqrt{9\% \times \frac{199}{365}}} = \frac{0.0202 + 0.0627}{0.2215} = 0.3742$$

$$d_2 = 0.3742 - \sqrt{9\% \times \frac{199}{365}} = 0.1527$$

第三步，计算 N（d_1）和 N（d_2）的值。

N（d_1）和 N（d_2）的值可以运用 EXCEL 的 NORMSDIST 函数计

① ［美］斯蒂芬 A. 罗斯，伦道夫 W. 威斯特菲尔德，杰弗利 F. 杰富. 公司理财. 北京：机械工业出版社，2012：471－472.

算。$N(d_1)=N(0.3742)=0.6459$，$N(d_2)=N(0.1527)=0.5607$。

计算过程如下：打开EXCEL2007，在“其他函数”里面的“统计（S）”中，找到并点击“NORMSDIST”，分别输入“Z=0.3742”和“Z=0.1527”，分别得到“N（0.3742）=0.6459”和“N（0.1527）=0.5607”。

也可以先查正态分布表，然后再运用插值法计算N（d_1）和N（d_2）的值。计算过程如下：

①在正态分布表①中，“0.3”行与“0.07”列相交点的数值“0.6443”就是N（0.37）的值，即N（0.37）=0.6443，“0.3”行与“0.08”列相交点的数值“0.6480”就是N（0.38）的值，即N（0.38）=0.6480。

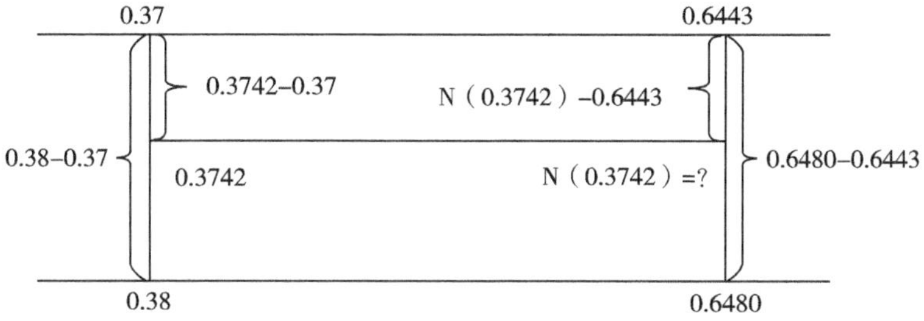

图2－4　插值法

根据图2－4，可以写出下面的等式：

$$\frac{0.3742-0.37}{0.38-0.37}=\frac{N(0.3742)-0.6443}{0.6480-0.6443} \tag{2-9}$$

求解式2－9，可以得到：N（0.3742）=0.6443+0.0037×0.42=0.6459。

②在正态分布表中，“0.1”行与“0.05”列相交点的数值“0.5596”就是N（0.15）的值，即N（0.15）=0.5596，“0.1”行与“0.06”列相交点的数值“0.5636”就是N（0.16）的值，即N（0.16）=0.5636。

运用插值法可以得到下面的等式：

$$\frac{0.1527-0.15}{0.16-0.15}=\frac{N(0.1527)-0.5596}{0.5636-0.5596} \tag{2-10}$$

① 龚德恩. 经济数学基础（第三分册 概率统计）. 成都：四川人民出版社，2001：315. “附表3正态分布表”。

求解式 2－10，可以得到：N（0.1527）=0.5596 +0.004 ×0.27 =0.5607。

第四步，计算股票期权的价值 C。

$$C = 50 \times 0.6459 - 49 \times e^{-7\% \times \frac{199}{365}} \times 0.5607 = 5.85(\text{美元})$$

第五步，投资决策。

因为股票期权的价值 5.85 美元大于现在的市场价格 4 美元，所以，应该购买期权。

2.3.5 套利定价理论

1976 年，斯蒂芬·罗斯（Stephen Ross）在《经济理论杂志》上发表的《资本资产定价的套利理论》（*The Arbitrage Theory of Capital Asset Pricing*）中，提出了套利定价理论（Arbitrage Pricing Theory，APT）。

资本资产定价模型只考虑了一个风险因素，即市场组合，或者说把影响股票预期收益率的所有因素，归结为市场组合。而事实上，股票的预期收益率受很多因素的影响，比如宏观经济的不确定性、利率波动等。在罗斯的套利定价理论中，考虑了多个影响股票收益率的因素，而且这些因素是相互独立的。但具体是哪些因素，需要根据实际情况确定。

假定宏观经济的不确定性和利率波动是影响股票收益率的两个因素，宏观经济的不确定性用未预期的国民生产总值 GDP 表示，利率波动用未预期的利率变化 IR 表示，那么，股票 i 的收益率 r_i 可以用以下模型表示：

$$r_i = E(r_i) + \alpha_1 GDP + \alpha_2 IR + \varepsilon_i \qquad (2-11)$$

在式 2－11 中，E（r_i）表示股票 i 的期望收益率，α_1 和 α_2 分别表示 r_i 对两个风险因素 GDP 和 IR 的敏感程度，即 GDP 或 IR 发生 1% 的变化，r_i 会发生多大程度的变化，ε_i 表示 GDP 和 IR 以外的其他风险因素对 r_i 的影响。

在资本资产定价模型，即式 2－4 中，［E（r_m）－r_f］表示市场组合的风险溢价，β_i 表示资产 i 的预期收益率对市场组合这一风险因素的敏感程度。在套利定价理论中，每一个风险因素都会产生风险溢价。其中，有的风险因素会对股票 i 的收益率 r_i 产生负面影响，即风险溢价可能是负数。比如，利率的上升会引起股票价格的下降，所以，在式 2－11 中，α_2 为负数。

假定式2－11中GDP的风险溢价为RP_{GDP}，IR的风险溢价为RP_{IR}，对GDP的敏感程度用β_{GDP}表示，对IR的敏感程度用β_{IR}表示，无风险收益率用r_f表示，那么，股票i的预期收益率E（r_i）可以写成：

$$E(r_i) = r_f + \beta_{GDP}RP_{GDP} + \beta_{IR}RP_{IR} \quad (2-12)$$

式2－12是考虑两个风险因素情况下的套利定价模型，是一条两因素的证券市场线，可以推广到多个风险因素。

无论是从形式上看，还是从思想上看，式2－12与资本资产定价模型都是高度相似的，只是从一个风险因素变成了两个风险因素。可以这样说，套利定价模型是资本资产定价模型的推广，资本资产定价模型是套利定价模型的特例。

套利定价理论并不涉及套利交易，但为发现套利机会提供了一种工具。根据一价法则，同一种资产在不同地区的不同市场应该具有相同的市场价格。否则，投资者可以在价格低的市场买进，在价格高的市场卖出，获得无风险收益，这就是套利。

2.4 经典股利分配理论

2.4.1 “一鸟在手”理论

1959年，戈登（Myron Jules Gordon）在《经济和统计评论》上发表的《股利、盈利与股票价格》（*Dividends, Earnings and Stock Prices*）中，提出了“一鸟在手”理论。

“一鸟在手”理论认为，投资者是风险厌恶者。对于股东而言，把盈利留下来再投资的风险较大，把盈利分给投资者风险较小。所以，股东偏好当期股利，而不愿把盈利留下来再投资。如果股利支付率提高，投资者收益的不确定性下降，投资者要求的回报率降低，股票价格可能上涨；如果股利支付率较低，或者延迟支付股利，投资者收益的不确定性和风险会增加，投资者会要求更高的回报率，以弥补风险，股票价格可能下跌。也就是说，“两鸟在林，不如一鸟在手”，应多分少留。

2.4.2 MM 理论

1961 年，米勒和莫迪格利安尼（Merton H. Miller and Franco Modigliani）在《商业杂志》上发表的《股利政策、增长与股票估价》（*Dividend Policy, Growth, and the Valuation of Shares*）中，提出了 MM 理论，即股利无关论。

MM 理论认为，在完善市场条件下，股利政策对股票价格没有影响。投资者的收益可以分为两个部分：一是股利；二是资本利得，即股票买卖的价差。如果分配股利，投资者获得的当期股利较多；如果不分配股利，投资者的资本利得较多。MM 理论建立在一系列假设的基础上，包括资本市场效率较高、没有公司所得税或个人所得税、没有融资成本等。

2.4.3 税差理论

1967 年，法拉和塞尔文（Donald Eugene Farrar and Lee Lawrence Selwyn）在《国家税务杂志》上发表的《税收、公司财务政策与投资者回报》（*Taxes, Corporate Financial Policy and Return to Investors*）中，提出了税差理论。

税差理论认为，现金股利所得税和资本利得税不同。为了鼓励投资，现金股利所得税较高，资本利得税较低。在现金股利所得税大于资本利得税的情况下，理性的投资者愿意延迟获取收益，以延迟所得税的支付。股价与支付的股利成反比，多留少分有利于提高股票价格。

2.4.4 客户效应理论

1970 年，布伦南（Michael J. Brennan）在《国家税务杂志》上发表的《税收、市场估价与公司财务政策》（*Taxes, Market Valuation and Corporate Financial Policy*）中，提出了客户效应理论，对税差理论进行了扩展和深化。

客户效应理论认为，投资者不仅对资本利得和股利有偏好，而且不同投资者的边际税率不一样，对现金股利的偏好也不同。由于所得税实行超额累进税率，收入高的投资者的税率较高，偏好股利支付率较低的股票，希望少分现金股利或不分现金股利，用留存收益进行再投资，以提高股票价格。而收入低的投资者以及享有税收优惠的投资者的税率较低，偏好股利支付率较高的股票，希望稳定地支付较多现金股利。

2.4.5　代理理论

1976 年，简森和麦克林（Michael C. Jensen and William H. Meckling）在《财务经济学刊》上发表的《公司理论：管理行为、代理成本和所有权结构》（*Theory of the Firm*：*Managerial Behavior*，*Agency Costs and Ownership Structure*）中，提出了代理理论。

代理理论认为，作为代理人的管理层与作为所有者的股东的利益目标是不一致的，管理层追求自身利益的最大化，而不是股东利益最大化，所以，应建立激励机制使管理层的目标趋近于股东的目标。

罗捷夫（Michael S. Rozeff，1982）率先将代理理论运用于股利政策研究。罗捷夫认为，将利润留存企业会产生较高的代理成本，而股利支付可以降低这种代理成本，但又会产生交易成本，所以，股利支付率的确定，需要在降低的代理成本和增加的交易成本之间进行权衡，使总成本最小。

2.4.6　信号传递理论

1979 年，巴恰塔亚（Sudipto Bhattacharya）在《贝尔经济学刊》上发表的《不完备信息、股利政策和“一鸟在手”谬误》（*Imperfect Information*，*Dividend Policy*，*and* “*the Bird in the Hand*” *Fallacy*）中，构建了一个股利信号模型，发现现金股利拥有一定的信息含量，可以作为预期盈利的一个信号。

信号传递理论放松了 MM 理论中投资者与管理者信息相同假设，认为投资者和管理层之间的信息是不对称的。管理层拥有与公司前景有关的大量内部信息，股利就像是管理层将其所知道的内部信息传达给外部投资者的一种信号。当管理层认为公司在未来一段时期内有良好的发展前景，业绩能显著提高时，就会通过提高股利告知股东以及潜在投资者；而当管理层认为公司在未来一段时期内发展前景不好，盈利不乐观时，就会通过保持或者降低目前的股利支付水平，告知股东以及潜在投资者这一负面信息。所以，股利可以传达与公司盈利能力有关的信息，并在一定程度上影响公司股价。

2.4.7 迎合理论

“迎合”是指按照投资者的偏好制定股利政策。2004 年，贝克和威格勒（Malcolm Baker and Jeffrey Wurgler）在《财务学刊》上发表的《股利的迎合理论》（*A Catering Theory of Dividends*）中，提出了迎合理论。贝克和威格勒研究发现，投资者对股利的需求会影响股利政策的制定。当投资者愿意给予支付股利公司的股票溢价时，为了迎合投资者的需求，公司的管理层会支付较多的股利；否则，会不支付股利，或者支付较少的股利。

上述股利分配理论可以分为股利无关论和股利相关论。MM 理论属于股利无关论，“一鸟在手”理论、税差理论、客户效应理论、代理理论、信号传递理论、迎合理论等都属于股利相关论。股利相关论又可以分为三类：第一类主张多分少留，包括“一鸟在手”理论、代理理论、信号传递理论；第二类主张少分多留，包括税差理论；第三类主张因人而异，包括客户效应理论、迎合理论。

2.5 公司财务政策

2.5.1 财务政策概述

财务政策是为了实现财务管理的目标而对企业开展各项财务活动和处理各种财务关系制定的各项规定或安排。

从现象上看，财务是企业的资金运动或财务活动，包括资金筹集活动、生产经营活动、投资活动。从本质上看，财务是企业财务活动所体现出来的财务关系，即企业与利益相关者之间的经济关系。

①与股东之间的财务关系。一方面，企业通过发行股票吸收股东的投

资；另一方面，股东作为所有者在企业拥有所有者权益，企业要向股东支付股利。

②与长期债权人之间的财务关系。一方面，企业通过发行长期债券或长期借款等方式获得长期债权人资金的使用权；另一方面，企业要向债权人偿付本金和利息。

③与供应商之间的财务关系。在采购原材料过程中，会形成应付票据、应付账款，企业应在短期内偿还。

④与职工、管理人员之间的财务关系。职工、管理人员为企业的生产经营付出了劳动，企业应给职工、管理人员支付报酬。

⑤与客户之间的财务关系。在产品销售过程中，会形成预收账款或应收账款。预收账款作为一种债务，应通过及时给客户供货来偿付；应收账款作为一种债权，应及时收回。

⑥与国家之间的关系。缴纳税金是每一个企业应尽的义务，企业在生产经营过程中形成的各种应交税金，应及时缴纳。

财务管理目标是企业财务管理活动所要达到的目的，是评价企业财务管理活动是否合理的标准。现代企业财务管理的目标是公司价值最大化。公司价值是指内在价值，即企业未来现金流量的现值。假定企业第 n 年的自由现金流量为 FCF_n（企业自由现金流量 = 息税前利润加折旧 - 所得税 - 资本性支出 - 营运资本净增额），考虑风险的必要报酬率（贴现率）为 i，那么，公司的价值为：

$$V = \frac{FCF_1}{1+i} + \frac{FCF_2}{(1+i)^2} + \frac{FCF_3}{(1+i)^3} + \cdots + \frac{FCF_n}{(1+i)^n} \qquad (2-13)$$

如果每年的自由现金流量相同，即 $FCF_1 = FCF_2 = FCF_3 = \cdots = FCF_n = FCF$，每年的贴现率相同，都是 i，企业持续经营，即 n 趋向无穷大，那么：

$$V = FCF/i \qquad (2-14)$$

根据式 2 - 14，自由现金流量（FCF）越大，贴现率（i）越小，公司价值（V）越大。实现公司价值最大化的财务政策包括营运资金政策、长期投资政策、资本结构政策和股利分配政策，即对资产负债表左边（资金运用）和右边（资金来源）做出安排。见表 2 - 3。

表2－3　公司财务政策一览表

财务政策	政策要点	具体目标	总目标
营运资金政策	适度的现金持有量；适度的存货库存量；合理的信用政策，包括应收款政策和应付款政策	兼顾流动性、盈利性和风险性	公司价值最大化
长期投资政策	投资项目的战略价值；投资项目的可行性；投资项目的收益；投资项目的风险	维护长期增长	
资本结构政策	最佳资本结构的确定和动态调整；发挥负债的财务杠杆作用；控制负债的风险	长期债务安全有效	
股利分配政策	是否分红；多分还是少分；发放现金股利还是配股、送股	维护投资者利益	

2.5.2　营运资本政策

营运资本等于流动资产减去流动负债。营运资本政策可以分为营运资本持有政策和营运资本筹集政策。

一、营运资本持有政策

营运资本持有政策可以按多个标志进行分类。按持有营运资金的多少可以分为宽松型、紧缩型和适中型三种；按营运资本是正数、负数或0，可以分为正营运资本政策、负营运资本政策和零营运资本政策。

表2－4　营运资本持有政策

类型	内涵	特征	影响
宽松型	持有较多的营运资金	流动资产多，流动负债少。在流动资产中，现金少，应收款和存货多。在流动负债中，短期有息负债多，短期无息负债少	流动性强，风险小，但对盈利能力有负面影响。反映出在产业链中缺乏影响力，地位不高

续表

类型	内涵	特征	影响
紧缩型	持有较少的营运资金	流动资产少，流动负债多。在流动资产中，现金多，应收款和存货少。在流动负债中，短期有息负债少，短期无息负债多	流动性弱，风险大，但对盈利能力有正面影响。反映出在产业链中影响力较大，地位较高
适中型	持有适当的营运资金	流动资产与流动负债的比率比较适中	流动性、风险性和盈利性都比较适中

二、营运资本筹集政策

营运资本筹集政策可以分为配合型、激进型和稳健型三种。

流动资产可以分为临时性和永久性两类，流动负债可以分为临时性和自发性两类。配合型营运资本筹集政策是指，有临时性流动资产（季节性存货）时，用临时性流动负债满足其资金需要。激进型营运资本筹集政策是指，临时性流动负债除了满足临时性流动资产的资金需要外，还满足一部分永久性流动资产的资金需要。稳健型营运资本筹集政策是指，临时性流动负债仅满足一部分临时性流动资产的需要。

2.5.3 长期投资政策

一、长期投资政策的选择

长期投资政策可以分为稳定型投资政策、扩张型投资政策和紧缩型投资政策。稳定型投资政策是指维持现有水平，充分、有效地利用现有资源，最大限度地获取现有产品的利润，积累资金，为将来发展准备条件。扩张型投资政策是指构建新的长期资产，进行产品研发和市场推广，增加新的产品，扩大生产规模。紧缩型投资政策是指出售资产，缩小规模，清偿债务。

企业可以在SWOT（strengths，weakness，opportunities，threats）分析的基础上，选择长期投资政策，见图2－5。

①如果内部弱势，且外部威胁大，应采取紧缩型政策，收缩生产规模，

或进行清算。

②如果内部弱势，但外部机会大，可采取稳定型政策，抓住外部机会，进行产品或市场转移。

③如果内部强势，但外部威胁大，可采取稳定型政策，与其他企业合资经营，或者进行多元化经营，降低经营风险。

④如果内部强势，且外部机会大，可采取扩张型政策，进行新产品开发、市场推广，以及兼并或收购，实施横向一体化和纵向一体化。

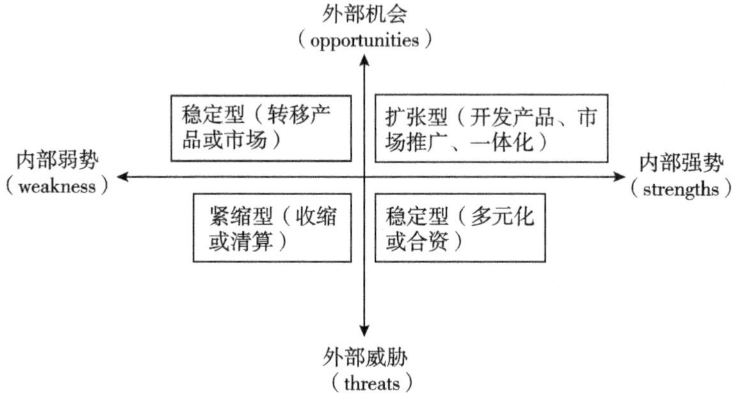

图 2-5　基于 SWOT 分析的长期投资政策

二、长期投资决策

长期投资政策会对企业的生存和发展产生重大的、深远的影响。长期投资决策包括投资项目的战略价值评价、投资项目的可行性分析、投资项目的财务效益和经营风险评价等。

1. 投资项目的战略价值评价

投资项目的战略价值评价是对投资项目产生的全局性的、长期的影响进行评估，包括是否符合国家的产业政策、是否具有竞争优势、产品的生命周期、在产业链中的地位、生产经营环节及其附加值等。

产品的生命周期包括导入期、成长期、成熟期、衰退期。从导入期到成熟期，现金流逐步增加，但进入衰退期后，现金流会急剧下降。所以，从成熟到衰退的转换时期，投资风险很大，不具有战略投资价值。见图 2-6。

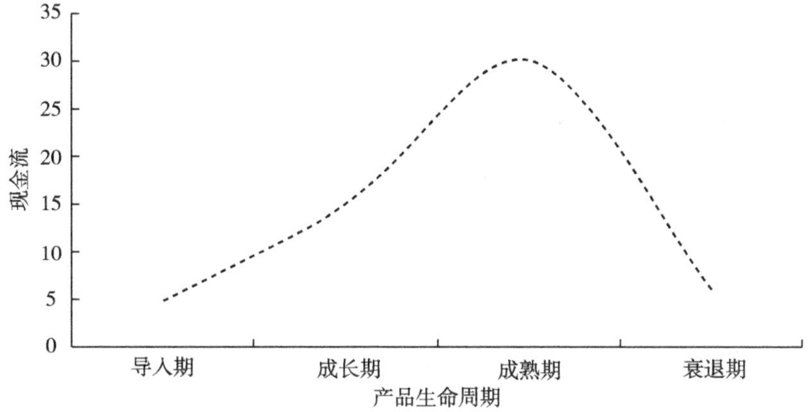

图2－6　产品生命周期与战略投资价值

依据台湾宏碁集团创办人施振荣提出的“微笑曲线”理论，在由研发、生产和销售构成的产业链中，处于两端的研发和销售环节附加值较高，处于中间的生产环节附加值较低。收益率曲线两端朝上，中间向下，见图2－7。“微笑曲线”的两段，具有较大的战略投资价值。

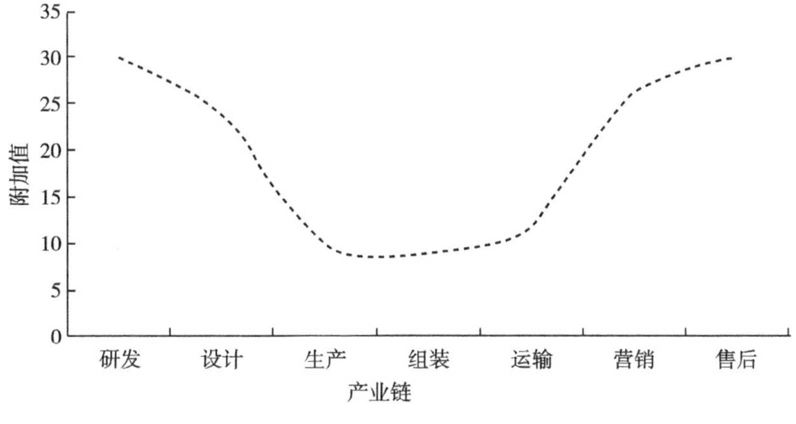

图2－7　生产经营环节与战略投资价值

2. 投资项目的可行性分析

投资项目的可行性分析包括宏观经济方面的可行性、环境保护方面的可行性、法律方面的可行性、基础设施方面的可行性、技术工艺的可行性、商业模式的可行性、市场需求的可行性、管理团队的可行性、财务方面的可行性等。

3. 投资项目的财务效益评价

投资项目的财务效益评价方法分为两类：一是非贴现的方法，即不考虑货币的时间价值，比如回收期法；二是贴现的方法，包括净现值法、现值指数法、内部收益率法。

（1）回收期法

回收期（Payback Period，PP）是收回全部投资所需要的时间。例如，2009 年 1 月 1 日投资 10 万元，以后每年现金净流量为 2 万元。收回 10 万元投资所需要的时间为：10/2 =5（年）

一般来讲，回收期越短，投资方案越好。在估计的现金流量的基础上计算出来的回收期应小于可接受的回收期。

回收期法的优点是计算简便，易于理解。回收期法的缺点有：没有考虑货币的时间价值，没有考虑回收期以后的现金流量，可能导致急功近利的项目选择。

（2）净现值法

净现值（Net Present Value，NPV）是未来现金流入量现值与未来现金流出量现值之间的差额。一般来讲，若 NPV >0，投资项目可接受；若投资期相同，投资额相等，NPV 越大越好。

（3）现值指数法

现值指数（Profitability Index，PI）是未来现金流入量现值与未来现金流出量现值的比率。一般来讲，若 PI >1，投资项目可接受。

（4）内含报酬率法

内含报酬率（Internal Rate of Return，IRR）是投资方案净现值为 0 时的贴现率。内含报酬率可以在逐步测试的基础上，采用插值法计算。用贴现率 r_1、r_2 进行测试，找到最接近于 0 的两个净现值 NPV_1、NPV_2，一个比 0 大一点，另一个比 0 小一点，再求净现值为 0 时的贴现率，即内部收益率。一般来讲，若 IRR >资本成本率，投资项目可接受。

4. 投资项目的经营风险评价

长期投资会形成长期资产，从而增加经营风险。投资项目引起的经营风险可以通过经营杠杆系数反映。

经营杠杆系数（Degree of Operating Ieverage，DOL）反映销售量的变化如何引起息税前利润的变化，是息税前利润变动率与销售量变动率之间的比率。即：

$$DOL = \frac{\frac{\Delta EBIT}{EBIT}}{\frac{\Delta Q}{Q}} \tag{2-15}$$

式2-15中，DOL是经营杠杆系数，Q是变动前的销售量，ΔQ是销售量的增减变动，EBIT是变动前的息税前利润，ΔEBIT是EBIT的增减变动。假如单位产品销售价格（P）、单位产品变动成本（V）、总固定成本（F）都不变，ΔEBIT就是由销售量的增减变动引起的EBIT的增减变动。可以证明：

$$\frac{\frac{\Delta EBIT}{EBIT}}{\frac{\Delta Q}{Q}} = \frac{Q(P-V)}{Q(P-V)-F} \tag{2-16}$$

从式2-16中可以看出：①DOL受Q、P、V、F等因素的影响；②总固定成本F对DOL具有直接影响，F越大，DOL越大，经营风险越大；③如果F不变，Q（P-V）越大，DOL越小，经营风险越小。Q（P-V）大意味着销售量大、单位产品销售价格高或者单位产品变动成本小。

2.5.4 资本结构政策

一、资本结构的内涵

资本结构是公司筹集的各种长期资金的构成和比例。在通常情况下，资本结构是指长期债务资本和权益资本的构成和比例。

用D表示长期债务资本，E表示权益资本，A表示长期资金总额，A=D+E。那么，资本结构可表示为：D/E，D/A，E/A，通常用D/A表示，即长期债务资本占长期资金总额的比例。

就像足球比赛的阵型具有一定的功能一样，资本结构对综合资本成本和公司价值具有显著影响。一般认为，存在一个最优资本结构，即综合资本成本最小、公司价值最大的资本结构。

二、资本结构政策的目标

资本结构政策的总目标是确定最优资本结构，实现公司价值的最大化；具体目标是兼顾长期债务的节税效应和风险效应，确保长期债务的安全有效。

因为利息可以在税前支付，所以负债具有抵税作用。但随着负债的增加，财务风险会相应地增加。这一点通过财务杠杆系数可以看得很清楚。

财务杠杆系数（Degree of Financial Leverage，DFL）是普通股每股税后净收益的变动率与息税前利润的变动率之间的比率，即：

$$DFL = \frac{\frac{\Delta EPS}{EPS}}{\frac{\Delta EBIT}{EBIT}} \tag{2-17}$$

在式 2－17 中，DFL 是财务杠杆系数，EBIT 是变动前的息税前利润，ΔEBIT 是 EBIT 的增减变动，EPS 是变动前的普通股每股税后净收益，ΔEPS 是 EPS 的增减变动。假如债务利息、所得税率、普通股股数都不变，ΔEPS 就是由 ΔEBIT 引起的。可以证明：

$$\frac{\frac{\Delta EPS}{EPS}}{\frac{\Delta EBIT}{EBIT}} = \frac{EBIT}{EBIT - I} \tag{2-18}$$

从式 2－18 中可以看出，DFL 受利息（I）的直接影响。在 EBIT 不变的情况下，I 越大，DFL 越大，财务风险越大。在债务利率不变的情况下，债务利息的大小取决于负债总额。也就是说，负债总额越大，财务风险越大。

三、长期负债管理的基本原理

在息税前利润率大于债务利率的情况下，负债可以提高普通股每股收益（EPS），见表 2－5；在息税前利润率小于债务利率的情况下，负债会使普通股每股收益（EPS）下降，见表 2－6。负债助强不助弱。

表 2－5　负债对每股收益的影响（息税前利润率为 10%，债务利率为 8%）

项目	A	B	C
普通股本（元）①	2000000	1500000	1000000
发行股数（股）②	20000	15000	10000
债务（元）③	0	500000	1000000
资本总额（元）④	2000000	2000000	2000000
息税前利润（元）⑤＝④×10%	200000	200000	200000
债务利息（元）⑥＝③×8%	0	40000	80000
税前收益（元）⑦＝⑤－⑥	200000	160000	120000
所得税（元）⑧＝⑦×33%	66000	52800	39600
税后盈余（元）⑨＝⑦－⑧	134000	107200	80400
财务杠杆系数⑩＝⑤÷⑦	1	1.25	1.67
每股普通股收益（元）⑪＝⑨÷②	6.7	7.15	8.04

A、B、C 公司的主要区别是负债不一样，分别为 0、50 万元、100 万元。从表 2－5 中可以看出：A、B、C 公司的所得税递减，分别为 66000 元、52800 元、39600 元；财务杠杆系数递增，分别为 1、1.25、1.67；普通股每股收益递增，分别为 6.7 元、7.15 元、8.04 元。也就是说，随着负债的增加，所得税减少，财务杠杆系数变大，普通股每股收益提高。这就是负债的节税效应和风险效应。

表 2－6　负债对每股收益的影响（息税前利润率为 5%，债务利率为 8%）

项目	A	B	C
普通股本（元）①	2000000	1500000	1000000
发行股数（股）②	20000	15000	10000
债务（元）③	0	500000	1000000
资本总额（元）④	2000000	2000000	2000000
息税前利润（元）⑤＝④×5%	100000	100000	100000
债务利息（元）⑥＝③×8%	0	40000	80000
税前收益（元）⑦＝⑤－⑥	100000	60000	20000

续表

项目	A	B	C
所得税（元）⑧=⑦×33%	33000	19800	6600
税后盈余（元）⑨=⑦-⑧	67000	40200	13400
财务杠杆系数⑩=⑤÷⑦	1	1.67	5
每股普通股收益（元）⑪=⑨÷②	3.35	2.68	1.34

表2-6的计算结果显示，A、B、C公司的财务杠杆系数分别为1、1.67、5，普通股每股收益分别为3.35元、2.68元、1.34元。也就是说，随着负债的增加，财务杠杆系数增长幅度更大，而普通股每股收益却下降了。

四、资本结构理论与资本结构政策之争

前面述及的资本结构理论，在资本结构上的政策主张有所不同，见表2-7。其中，适度负债政策更符合实际。

表2-7　资本结构政策之争

理论	债务资本成本	权益资本成本	综合资本成本	公司价值	资本结构政策
净收入理论	与负债无关	与负债无关	随负债增加而下降	随负债增加而上升	高负债政策
净营业收入理论	随负债的增加而增加	随负债的增加而增加	与负债无关	与负债无关	不需要负债政策
传统理论	随负债的增加而增加	随负债的增加而增加	随负债的增加而先降后升	随负债的增加而先升后降	适度负债政策
MM理论	与负债无关	与负债无关	与负债无关	与负债无关	不需要负债政策
修正的MM理论	与负债无关	随负债的增加而增加	随负债的增加而下降	随负债的增加而上升	高负债政策
权衡理论	与负债无关	随负债的增加而增加	随负债的增加而先降后升	随负债的增加而先升后降	适度负债政策

2.5.5　股利分配政策

一、可供分配利润的形成

利润是企业在一定会计期间的经营成果。利润包括收入减去费用后的净额，以及直接计入当期利润的利得和损失等。在计算利润时，先计算营业利润，再计算利润总额。

营业利润 = 营业收入 - 营业成本 - 营业税金及附加 - 销售费用 - 管理费用 - 财务费用 - 资产减值损失 + 公允价值变动收益（ - 公允价值变动损失） + 投资收益（ - 投资损失）

利润总额 = 营业利润 + 营业外收入 - 营业外支出

①弥补以前年度形成的、可以用税前利润弥补的亏损。财务制度规定，企业发生的年度亏损，可以用下一年度的利润弥补；下一年度利润不足弥补的，可以在五年内继续用所得税前的利润弥补。

②计算缴纳所得税。先计算利润总额减去用税前利润弥补的亏损，得到弥补亏损之后的利润总额；再根据弥补亏损之后的利润总额和适用税率计算所得税和税后利润（净利润）。

③支付滞纳金和罚款。因违反法规而被收取的滞纳金和罚款，应该在税后利润中支付。

④弥补以前年度形成的、应该用税后利润弥补的亏损。财务制度规定，延续五年未弥补完的亏损，用缴纳所得税后的利润弥补。

经过上述扣除之后的净利润（或亏损），加上年初未分配利润，就是可供分配利润。如果可供分配利润为负数，就不进行利润分配；只有在可供分配利润为正数的情况下，才进行利润分配。

二、利润分配的原则

企业的利润分配，实质上要解决的是实现利润的分与留的问题，涉及投资者、经营管理者和职工等利益相关者的切身利益，直接影响企业的发展和和谐，必须遵循以下原则。

第一，依法分配原则。必须符合《中华人民共和国公司法》等法律法规的规定。公司分配当年税后利润时，应当提取利润的百分之十列入公司法定公积金。公司法定公积金累计额为公司注册资本的百分之五十以上的，可以不再提取。公司的法定公积金不足以弥补以前年度亏损的，在提取法定公积金之前，应当先用当年利润弥补亏损。公司从税后利润中提取法定公积金后，经股东会或者股东大会决议，还可以从税后利润中提取任意公积金。股东会、股东大会或者董事会违反规定，在公司弥补亏损和提取法定公积金之前向股东分配利润的，股东必须将违反规定分配的利润退还公司。公司的公积金用于弥补公司的亏损、扩大公司生产经营或者转为增加公司资本。但是，资本公积金不得用于弥补公司的亏损。法定公积金转为资本时，所留存的该项公积金不得少于转增前公司注册资本的百分之二十五。

第二，资本保全原则。利润分配是对资本增值额的分配，不是对资本金的返还。所以，资本公积金不得用于弥补公司的亏损，没有可供分配的利润时，不得向投资者分配利润。

第三，利益兼顾原则。一是兼顾投资者和债权人的利益。严格遵守债务合同，先偿还到期债务后再进行利润分配。二是兼顾短期利益与长远利益、消费与积累、发展与和谐。企业的财务成果是利益相关者共同创造的，应该由利益相关者共同分享。

三、利润分配的项目和顺序

《企业财务通则》对可供分配利润的分配项目和顺序做出了明确的规定。

（1）提取法定公积金

法定盈余公积是企业防范和抵御风险、补充资本的重要资金来源。从产权归属上看，法定盈余公积是税后利润的一部分。提取法定盈余公积的主要目的是保护投资者利益，维护企业稳定经营和长期发展。

法定盈余公积按基数的10%计算。基数＝本年的税后利润－支付的罚款和滞纳金－弥补以前年度亏损。当法定盈余公积达到注册资本的50%时，可不再提取。

法定盈余公积可用于弥补亏损、转增资本、分配股利。但用于转增资本或分配股利后，法定盈余公积不得低于注册资本的25%。

（2）提取任意公积金

任意公积金提取比例由投资者决议，视具体情况而定，可多提，可少提，可不提。

（3）向投资者分配利润

企业以前年度未分配的利润，并入本年度利润，在充分考虑现金流量状况后，向投资者分配。股份有限公司依法回购后暂未转让或者注销的股份，不得参与利润分配；企业弥补以前年度亏损和提取盈余公积后，当年没有可供分配的利润时，不得向投资者分配利润。

四、股利的支付方式

向投资者支付的股利有以下几种。

1. 现金股利

公司以现金支付股利。以现金支付股利可以较好地满足投资者的要求，不会改变公司的所有权结构，但要求公司有充足的现金，会加大公司支付现金的压力。

2. 财产股利

以现金以外的其他资产支付股利。比如，以公司持有的有价证券支付股利，或者以公司的物资、产品、不动产等充当股利。

3. 负债股利

比如，以公司的应付票据支付股利，或者发行公司债券抵付股利。

4. 股票股利

以发放股票的方式支付股利，包括送股和配股。送股就是赠送，股份公司将所送股票通过证券交易所自动计入投资者账户，投资者不需办理任何手续。配股是有偿增资，当股份公司公布配售比例和价格以后，投资者应在缴款期内缴款购买股票，配售价格一般比市场价格低得多。股票股利按投资者持股比例发放，是税后利润转化为股本，所以，公司的所有者权益总额不变，每一股东持股比例不变。但由于发放股票股利后股票数量增加，普通股每股收益会减少，普通股每股市价可能会下降。

五、股利的分配程序

公司董事会根据公司的盈利水平和股利政策，制订股利分配方案，提交股东大会审议。经股东大会审议通过后，公司对外发布股利分配方案公告。公告的内容包括利润分配方案、股利分配对象、股利发放办法。

股利分配过程涉及几个重要日期：股利宣告日、股权登记日、除息日和股利支付日。股利宣告日是公告股利分配方案的日期；股权登记日是有权领取股利的股东进行资格登记的截止日期，只有这一天登记在册的股东，才有资格领取股利；除息日是从股价中扣除本期股利的日期，一般是股权登记日的下一个交易日。在除息日，股利自动与股票分离，股利属于股权登记日登记在册的股东。该日交易的股票已经除去股利，其价格一般比上一个交易日有所下降。股利支付日是向股东发放股利的日期。例如，某公司 2009 年 11 月 15 日发布公告："本公司董事会在 2009 年 11 月 15 日的会议上决定，本年度发放每股 5 元的股利；本公司将于 2010 年 1 月 5 日将上述股利支付给已在 2009 年 12 月 15 日登记为本公司股东的人士。"这里，2009 年 11 月 15 日为股利宣告日，2009 年 12 月 15 日为股权登记日，2009 年 12 月 16 日为除息日，2010 年 1 月 5 日为股利支付日。

至于股利发放办法，深圳证券交易所规定，流通股份的现金股利，首先由上市公司在股权登记日前划入深交所账户，然后由深交所于登记日后第 3 个工作日划入各托管证券经营机构账户，再由各托管证券经营机构于登记日后第 5 个工作日划入股东资金账户。红股则于股权登记日后第 3 个工作日直接计入股东的证券账户，并自即日起开始上市交易。

六、影响股利政策的主要因素

1. 法律限制

公司股利政策必须符合法律法规的规定，有关规定主要如下。

①资本保全。不能用资本（包括股本和资本公积）发放股利。

②企业积累。必须按净利润的一定比例提取法定盈余公积金。

③净利润。以前年度的亏损必须足额弥补，公司年度累计净利润为正数时才可发放股利。

2. 股东因素

①那些靠股利维持生活的股东，往往要求公司支付稳定的股利；而股利收入较高的股东，出于避税的考虑，又不希望公司发放较多的股利，因为股利收入的所得税高于股票交易的资本利得税。

②公司支付较多的股利，会导致留存收益减少，意味着将来可能通过发行新股来筹集资金，而发行新股会稀释公司的控制权，这是公司的股东所不

愿意看到的。

3. 公司因素

①盈余的稳定性。盈余稳定的公司可以支付较高的股利，而盈余不稳定的公司通常采取低股利政策，以免因为盈余下降而造成无力支付股利。

②资产的流动性。保持资产的流动性，是公司生产经营活动正常进行的客观需要。如果公司资产的流动性较强，现金较多，可以较多地支付现金股利。

③举债能力。如果公司的举债能力不强，需要的资金不能及时筹集到，公司就不得不把较多的盈余留下来，从而少分配股利。

④投资机会。如果公司有好的投资项目，就会把盈余用于投资，从而少发放股利。

⑤资本成本。留存收益的成本比发行新股低。从资本成本考虑，如果公司需要资金，也会少发放股利。

⑥偿债需要。如果公司有较多的债务需要偿还，也会减少股利的支付。

七、股利政策的主要类型

①稳定的股利政策。包括稳定的股利额或稳定的股利率。稳定的股利额是指发放的股利固定在某一水平，并在较长时期内保持不变；稳定的股利率是指公司确定一个股利占盈余的比例（即股利支付率），并长期按这一比率支付股利。

②低正常股利加额外股利政策。一般情况下，公司每年只支付固定的、数额较低的股利，在盈余较多的年份，再向股东发放额外股利。这适用于收益波动较大的企业。

③剩余股利政策。税后利润首先用于满足为保持最佳资本结构所需要增加的股东权益，如果还有剩余，就用于支付股利。即先确定留的，再确定分的。首先，确定最佳资本结构；其次，确定为保持最佳资本结构所需要增加的股东权益，即税后利润中留下来的部分；最后，确定应分配的股利。因为最佳资本结构是使综合资本成本最低、公司价值最大的资本结构，所以，剩余股利政策有利于降低综合资本成本，提高公司价值。

八、股票回购

股票回购是在二级市场上购回本公司的股票。回购的股票称为库藏股，既无表决权，又无收益分配权。

《中华人民共和国公司法》规定，公司不得收购本公司股份。但是，有下列情形之一的除外：①减少公司注册资本；②与持有本公司股份的其他公司合并；③将股份奖励给本公司职工；④股东因对股东大会做出的公司合并、分立决议持异议，要求公司收购其股份的。股票回购对于公司的意义主要表现在：①巩固控股权，避免公司被他人控制；②提高每股收益，稳定或提高股价；③改善资本结构，通过股票回购减少权益资本，从而增加负债比例，充分发挥财务杠杆的作用。

九、股票分割

股票分割是将较大面值的股票转换成较小面值的股票。比如，将 1 股面值为 10 元的股票转换成 10 股面值为 1 元的股票。

股票分割后，股数增加，每股收益下降，但股本总额不变。因为每股收益下降，所以，每股价格也可能下降。股票分割与发放股票股利一样，都能达到降低公司股价的目的。但一般来讲，只有在公司股价暴涨且预期难以下降时，才采用股票分割的办法降低股价。

如果公司认为自己股票的价格过低，为了提高股价，可采取反分割的措施。反分割又称股票合并，是将较小面值的股票合并成较大面值的股票。比如，将 10 股面值为 1 元的股票合并成 1 股面值为 10 元的股票。

十、股利理论与股利政策之争

前面述及的股利理论，股利政策主张有所不同，见表 2 – 8。

表 2 – 8　股利政策之争

股利理论	股利政策	依据
“一鸟在手”理论	多分少留	股利风险小，股东偏好现金股利而不是资本利得
MM 理论	无关	现金股利和资本利得是等价的，股东无偏好
税差理论	少分多留	现金股利税大于资本利得税
客户效应理论	因人而异	不同股东收益不同，实际税负也不同
代理理论	多分少留	把利润留在公司会产生较高的代理成本
信号传递理论	多分少留	多分股利能够给资本市场传递积极信号
迎合理论	因人而异	不同投资者的偏好不一样，有的偏好现金股利，有的偏好资本利得

第3章
治理结构、营运资本政策与公司绩效实证检验

CHAPTER 3

3.1 营运资本政策统计分析

3.1.1 营运资本政策的计量

营运资本政策用营运资本比例（WCA）、流动比率（CR）和速动比率（QR）来计量。其中营运资本比例 = 期末营运资本/期末总资产 =（期末流动资产 - 期末流动负债）/期末总资产，流动比率 = 期末流动资产/期末流动负债，速动比率 =（期末流动资产 - 期末存货）/期末流动负债。根据流动比率把营运资本政策分成三类：①保守型，流动比率大于2；②稳健型，流动比率大于1小于2；③激进型，流动比率小于1。

3.1.2 样本选择、数据来源与数据处理

以沪市和深市2007—2015年制造业，批发和零售业，以及电力、热力、燃气及水生产和供应业上市公司（分别代表竞争性、垄断竞争性和垄断性行业）为研究样本，利用国泰安（CSMAR）数据库按照以下标准进行样本公司筛选和原始数据搜集：①“行业分类标准”选择“证监会2012年行业分类”；②“股票市场分类”选择“上证A股”和“深圳A股”；③“ST&非ST”选择“非ST股票”；④“地区分类”选择“全部”；⑤在“证监会2012年行业分类”中分别选择“制造业”“批发和零售业”和“电力、热力、燃气及水生产和供应业”。

利用Stata13.0对数据进行如下处理：①异常值的处理，通过winsor命令进行5%的缩尾处理；②缺失值的处理，把含有缺失值的样本，从初选样本中

删除。经过筛选，最终得到 7155 个样本观测值。

3.1.3 上市公司的营运资本政策

2007—2015 年中国上市公司营运资本政策的统计分析结果，见表 3－1。根据表 3－1 中的数据，可以绘制出图 3－1、图 3－2 和图 3－3。

表 3－1 上市公司营运资本政策统计表

年份	类型	竞争性行业		垄断竞争性行业		垄断性行业	
		公司数	比例	公司数	比例	公司数	比例
2007	保守型	128	0.2092	7	0.0673	3	0.0380
	稳健型	316	0.5163	59	0.5673	17	0.2152
	激进型	168	0.2745	38	0.3654	59	0.7468
2008	保守型	128	0.2092	8	0.0769	3	0.0380
	稳健型	291	0.4755	52	0.5000	14	0.1772
	激进型	193	0.3154	44	0.4231	62	0.7848
2009	保守型	131	0.2141	9	0.0865	3	0.0380
	稳健型	305	0.4984	54	0.5192	19	0.2405
	激进型	176	0.2876	41	0.3942	57	0.7215
2010	保守型	131	0.2141	10	0.0962	3	0.0380
	稳健型	319	0.5212	55	0.5288	20	0.2532
	激进型	162	0.2647	39	0.3750	56	0.7089
2011	保守型	141	0.2304	15	0.1442	4	0.0506
	稳健型	307	0.5016	57	0.5481	18	0.2278
	激进型	164	0.2680	32	0.3077	57	0.7215
2012	保守型	139	0.2271	16	0.1538	1	0.0127
	稳健型	294	0.4804	55	0.5288	18	0.2278
	激进型	179	0.2925	33	0.3173	60	0.7595
2013	保守型	153	0.2500	13	0.1250	7	0.0886
	稳健型	277	0.4526	64	0.6154	10	0.1266
	激进型	182	0.2974	27	0.2596	62	0.7848

续表

年份	类型	竞争性行业		垄断竞争性行业		垄断性行业	
		公司数	比例	公司数	比例	公司数	比例
2014	保守型	162	0.2647	17	0.1635	5	0.0633
	稳健型	267	0.4363	65	0.6250	16	0.2025
	激进型	183	0.2990	22	0.2115	58	0.7342
2015	保守型	175	0.2859	18	0.1731	6	0.0759
	稳健型	272	0.4444	60	0.5769	14	0.1772
	激进型	165	0.2696	26	0.2500	59	0.7468

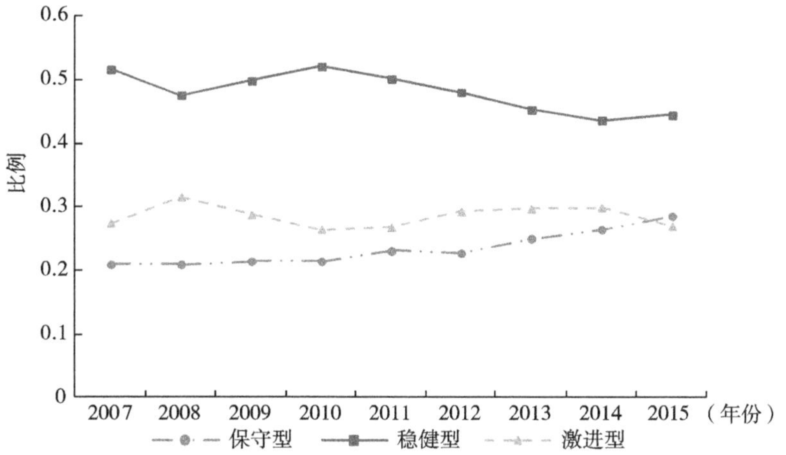

图 3－1　竞争性行业的营运资本政策

从表 3－1 和图 3－1 中可以发现以下信息。

①在竞争性行业，稳健型公司最多，其次是激进型公司，而保守型公司最少。

②从变动趋势来看，从 2007 年到 2015 年，三类公司所占比例比较稳定，变化不大。稳健型公司占比呈下降趋势，保守型公司占比小幅上升，激进型公司占比小幅波动。

从表 3－1 和图 3－2 中可以发现以下信息。

①在垄断竞争性行业，稳健型公司最多，其次是激进型公司，而保守型公司最少。

②从变动趋势来看，从2007年到2015年，三类公司所占比例变化较大。稳健型公司占比小幅波动，保守型公司占比小幅上升，激进型公司占比呈下降趋势。

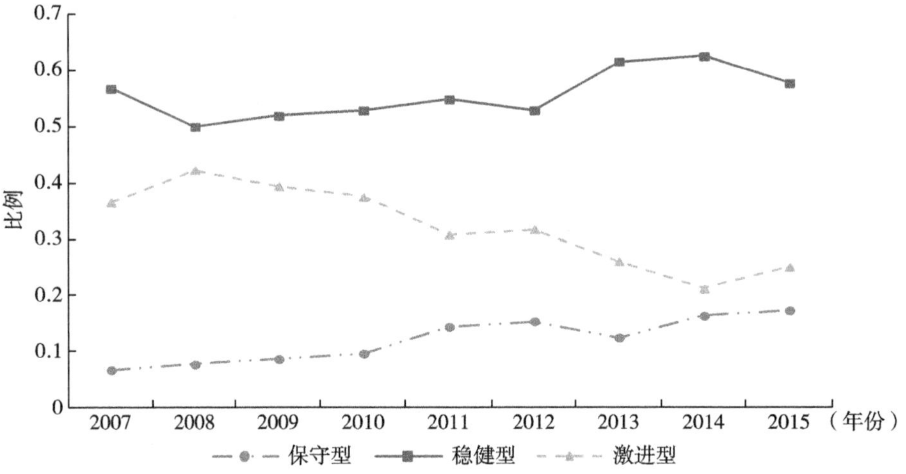

图3－2　垄断竞争性行业营运资本政策

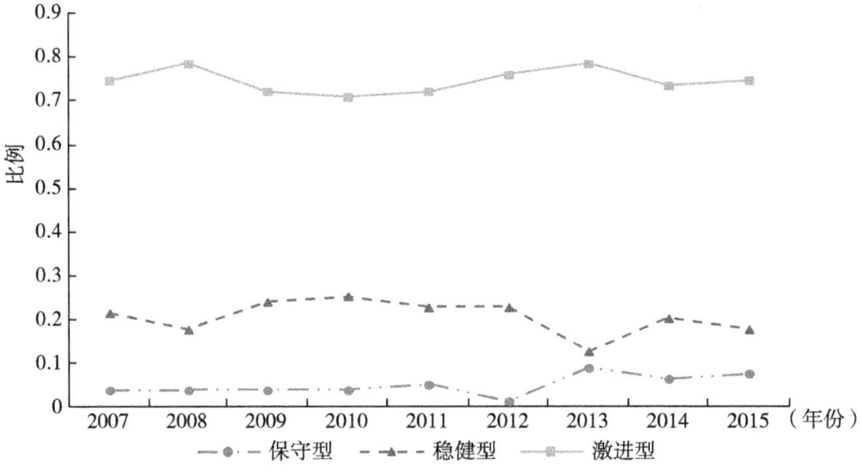

图3－3　垄断性行业营运资本政策

从表3－1和图3－3中可以发现以下信息。

①在垄断性行业，激进型公司最多，其次是稳健型公司，而保守型公司最少。

②从变动趋势来看，从2007年到2015年，三类公司所占比例比较稳定，小幅波动，变化不大。

3.2 营运资本政策对公司绩效的影响

3.2.1 公司绩效的计量

公司绩效可以分为财务绩效和市场绩效。财务绩效用总资产净利率（ROA）和净资产收益率（ROE）表示，市场绩效用托宾Q值（TBQ）和市净率（PB）表示。

3.2.2 保守型、稳健型和激进型上市公司财务绩效比较

保守型、稳健型和激进型上市公司财务绩效的统计结果，见表3－2。根据表3－2中“ROA”和“ROE”的“全部样本均值”，可以绘制出图3－4和图3－5。

表3－2 保守型、稳健型和激进型上市公司财务绩效比较

年份	类型	竞争性行业		垄断竞争性行业		垄断性行业		全部样本均值	
		ROA	ROE	ROA	ROE	ROA	ROE	ROA	ROE
2007	保守型	0.0921	0.1392	0.0607	0.0897	0.0664	0.0862	0.0883	0.1353
	稳健型	0.0577	0.1156	0.0491	0.1247	0.0373	0.0678	0.0552	0.1146
	激进型	0.0357	0.0848	0.0381	0.1022	0.0320	0.0720	0.0354	0.0844
2008	保守型	0.0722	0.1064	0.0539	0.0738	0.0328	0.0604	0.0690	0.1025
	稳健型	0.0428	0.0839	0.0443	0.1068	0.0306	0.0568	0.0426	0.0858
	激进型	0.0132	0.0364	0.0324	0.0953	0.0091	0.0042	0.0155	0.0406
2009	保守型	0.0700	0.1027	0.0517	0.0846	0.0552	0.1081	0.0674	0.1015
	稳健型	0.0492	0.0982	0.0489	0.1228	0.0366	0.0653	0.0485	0.0999
	激进型	0.0148	0.0438	0.0364	0.0909	0.0173	0.0385	0.0191	0.0507
2010	保守型	0.0784	0.1155	0.0569	0.0918	0.0160	−0.0058	0.0742	0.1115
	稳健型	0.0552	0.1115	0.0485	0.1210	0.0417	0.0889	0.0533	0.1111
	激进型	0.0262	0.0725	0.0395	0.1091	0.0254	0.0527	0.0283	0.0745

续表

年份	类型	竞争性行业		垄断竞争性行业		垄断性行业		全部样本均值	
		ROA	ROE	ROA	ROE	ROA	ROE	ROA	ROE
2011	保守型	0.0751	0.1140	0.0594	0.0856	0.0322	0.0546	0.0709	0.1092
	稳健型	0.0498	0.0999	0.0517	0.1343	0.0425	0.0954	0.0496	0.1045
	激进型	0.0162	0.0478	0.0380	0.1001	0.0175	0.0398	0.0198	0.0538
2012	保守型	0.0643	0.0940	0.0542	0.0816	0.0763	0.0775	0.0626	0.0925
	稳健型	0.0370	0.0730	0.0403	0.1026	0.0355	0.0683	0.0372	0.0768
	激进型	0.0072	0.0285	0.0312	0.0886	0.0218	0.0672	0.0135	0.0444
2013	保守型	0.0608	0.0883	0.0444	0.0650	0.0556	0.0885	0.0587	0.0868
	稳健型	0.0368	0.0740	0.0411	0.1083	0.0347	0.0608	0.0376	0.0801
	激进型	0.0076	0.0156	0.0340	0.0986	0.0313	0.0750	0.0163	0.0401
2014	保守型	0.0605	0.0875	0.0508	0.0828	0.0691	0.1046	0.0593	0.0875
	稳健型	0.0374	0.0745	0.0358	0.0930	0.0360	0.0686	0.0369	0.0774
	激进型	0.0081	0.0272	0.0339	0.0894	0.0338	0.0899	0.0166	0.0484
2015	保守型	0.0567	0.0802	0.0446	0.0689	0.0401	0.0635	0.0546	0.0781
	稳健型	0.0333	0.0646	0.0368	0.0869	0.0396	0.0866	0.0341	0.0686
	激进型	-0.0037	-0.0102	0.0180	0.0511	0.0380	0.0931	0.0090	0.0220
2007—2015年平均值	保守型	0.0700	0.1031	0.0530	0.0804	0.0493	0.0708	0.0672	0.1005
	稳健型	0.0444	0.0884	0.0440	0.1112	0.0372	0.0732	0.0439	0.0910
	激进型	0.0139	0.0385	0.0335	0.0917	0.0251	0.0592	0.0193	0.0510

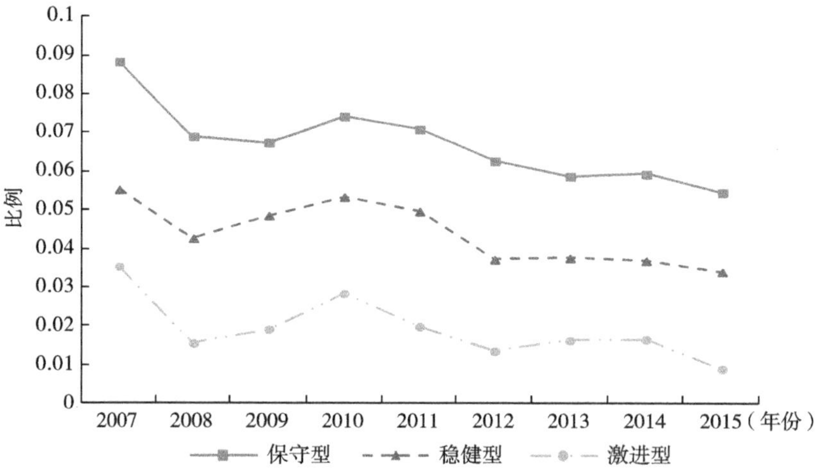

图3-4　保守型、稳健型和激进型上市公司的ROA比较

从表3－2及图3－4和图3－5中可以发现以下信息。

①保守型公司的ROA和ROE均最大，其次是稳健型公司，激进型公司的ROA和ROE均最小。

②从2007年到2015年，保守型、稳健型和激进型上市公司的ROA和ROE均有波动，总体呈下降趋势。

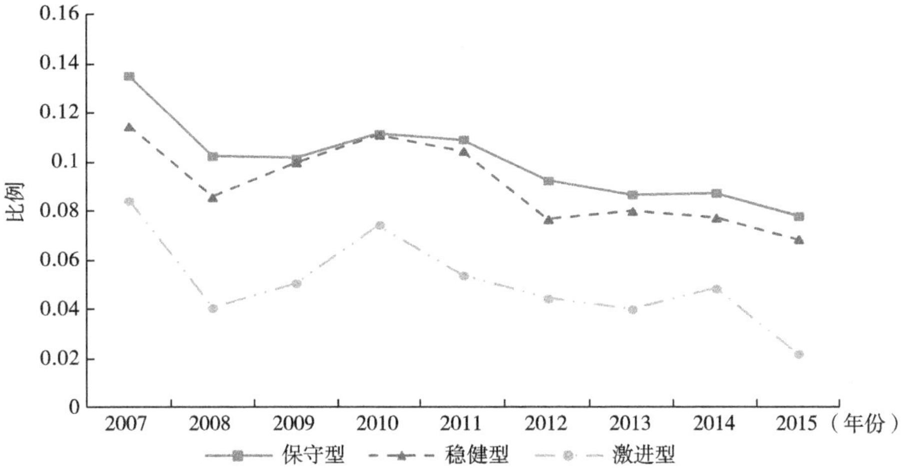

图3－5　保守型、稳健型和激进型上市公司的ROE比较

3.2.3　保守型、稳健型和激进型上市公司市场绩效比较

保守型、稳健型和激进型上市公司市场绩效的统计结果，见表3－3。根据表3－3中“TBQ”和“PB”的“全部样本均值”，可以绘制出图3－6和图3－7。

表3－3　保守型、稳健型和激进型上市公司市场绩效比较

年份	类型	竞争性行业		垄断竞争性行业		垄断性行业		全部样本均值	
		TBQ	PB	TBQ	PB	TBQ	PB	TBQ	PB
2007	保守型	4.0469	6.1959	3.5620	5.0693	2.4520	4.7679	3.9352	6.0817
	稳健型	2.8026	5.6542	2.3857	5.5982	2.2667	4.2856	2.7108	5.5830
	激进型	2.1474	5.2600	2.4033	6.0606	1.8951	4.4599	2.1567	5.2349

续表

年份	类型	竞争性行业		垄断竞争性行业		垄断性行业		全部样本均值	
		TBQ	PB	TBQ	PB	TBQ	PB	TBQ	PB
2008	保守型	2.0362	2.8892	1.7537	2.7633	1.2012	2.0256	1.9959	2.8599
	稳健型	1.1356	2.2931	0.9803	2.4811	0.7976	1.4594	1.0988	2.2846
	激进型	0.8241	2.2991	0.9312	2.5164	0.7926	1.9995	0.8448	2.2721
2009	保守型	3.5064	5.1032	3.1531	4.8039	2.4561	4.1095	3.4283	5.0487
	稳健型	2.2027	4.5243	1.8729	4.3800	1.6635	3.2612	2.1277	4.4424
	激进型	1.7321	4.2858	1.9082	4.7730	1.2511	3.4748	1.6700	4.2073
2010	保守型	3.6971	5.5623	2.9678	4.4303	2.3981	6.8459	3.5918	5.5036
	稳健型	2.2921	4.7291	1.6799	4.0935	1.3548	2.9223	2.1527	4.5444
	激进型	1.6411	4.2703	1.8443	5.2428	1.1892	3.0874	1.5902	4.1760
2011	保守型	2.4423	3.4723	1.9535	2.8452	2.0869	5.9177	2.3916	3.4855
	稳健型	1.3508	2.7810	1.0600	2.6358	0.9095	1.9566	1.2877	2.7209
	激进型	0.9847	2.8034	1.0092	3.2034	0.7976	2.3492	0.9584	2.7604
2012	保守型	2.1974	3.0610	1.6467	2.4773	1.6392	1.6666	2.1362	2.9891
	稳健型	1.2307	2.5546	1.0176	2.5394	0.8837	1.8465	1.1830	2.5164
	激进型	0.9323	2.6026	0.8336	2.4260	0.7940	2.3908	0.8997	2.5457
2013	保守型	2.2629	3.1076	1.5841	2.3553	1.5638	2.4559	2.1741	3.0240
	稳健型	1.3714	2.8817	1.1411	2.7060	0.7645	2.1216	1.3150	2.8278
	激进型	0.9491	2.6228	0.9143	2.6887	0.7825	2.1781	0.9119	2.5390
2014	保守型	2.6707	3.6893	2.1494	3.1866	1.4454	2.6802	2.5684	3.6134
	稳健型	1.6140	3.3750	1.2274	3.0559	1.3034	2.5972	1.5320	3.2821
	激进型	1.1444	3.2282	1.2659	3.2824	1.0397	2.9074	1.1415	3.1759
2015	保守型	3.4893	5.0674	3.1672	5.1719	1.8610	2.6626	3.3852	4.9974
	稳健型	2.3517	4.6718	1.7167	4.1120	1.6920	3.6335	2.2188	4.5345
	激进型	1.5689	4.1584	1.5320	4.3622	1.2025	3.0919	1.4896	3.9334
2007—2015年平均值	保守型	2.9277	4.2387	2.4375	3.6781	1.9004	3.6813	2.8452	4.1782
	稳健型	1.8169	3.7183	1.4535	3.5113	1.2928	2.6760	1.7363	3.6373
	激进型	1.3249	3.5034	1.4047	3.8395	1.0827	2.8821	1.2959	3.4272

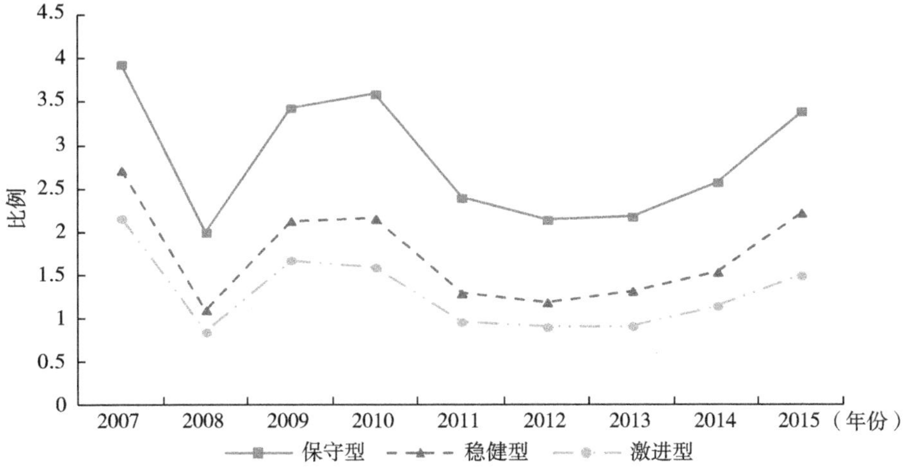

图3-6　保守型、稳健型和激进型上市公司的TBQ比较

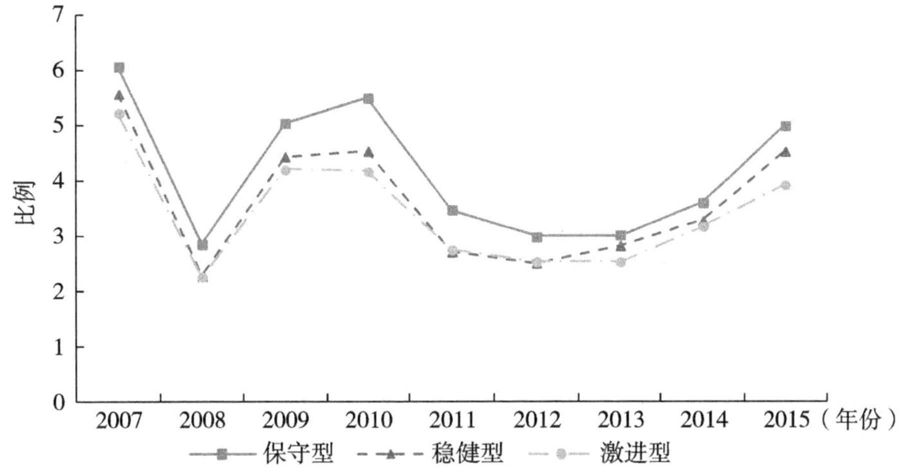

图3-7　保守型、稳健型和激进型上市公司的PB比较

从表3-3及图3-6和图3-7中可以发现以下信息。

①保守型公司的TBQ和PB均最大，其次是稳健型公司，激进型公司的TBQ和PB均最小。

②从2007年到2015年，保守型、稳健型和激进型上市公司的TBQ和PB均有较大的波动，2007年、2009年、2010年等年份的TBQ和PB均较大，2008年、2011—2014年等年份的TBQ和PB均较小。

3.2.4 营运资本政策对公司绩效影响的实证检验

一、回归模型

我们把公司绩效分为财务绩效和市场绩效，分别建立模型 3－1 和模型 3－2 进行回归分析。

$$ROE_{i,t} = \delta_0 + \delta_1 WCA_{i,t} + \delta_2 WCA_{i,t}^2 + \delta_3 CR_{i,t} + \delta_4 CR_{i,t}^2 + \delta_5 QR_{i,t} + \delta_6 QR_{i,t}^2 + \delta_7 SIZE_{i,t} + \delta_8 CS_{i,t} + \delta_9 GROWTH_{i,t} + \delta_{10} CN_{i,t} + \sum_{m=11}^{19} \delta_m YEAR_i + \sum_{s=20}^{22} \delta_s INDCD_t + \xi_{i,t}$$

（模型 3－1）

$$TBQ_{i,t} = \varepsilon_0 + \varepsilon_1 WCA_{i,t} + \varepsilon_2 WCA_{i,t}^2 + \varepsilon_3 CR_{i,t} + \varepsilon_4 CR_{i,t}^2 + \varepsilon_5 QR_{i,t} + \varepsilon_6 QR_{i,t}^2 + \varepsilon_7 SIZE_{i,t} + \varepsilon_8 CS_{i,t} + \varepsilon_9 GROWTH_{i,t} + \varepsilon_{10} CN_{i,t} + \sum_{n=11}^{19} \varepsilon_n YEAR_i + \sum_{z=20}^{22} \varepsilon_z INDCD_t + \psi_{i,t}$$

（模型 3－2）

模型 3－1 和模型 3－2 中变量的类型、代码、定义和取值方法见表 3－4。

表 3－4　模型 3－1 和模型 3－2 中变量的名称、代码与定义表

变量类型和名称		变量代码	变量的定义或取值方法
被解释变量	净资产收益率	ROE	净利润/股东权益平均余额
	托宾 Q 值	TBQ	市值/期末资产总计
解释变量	营运资本	WCA	期末营运资本/期末总资产＝(期末流动资产－期末流动负债)/期末总资产
	营运资本的二次项	WCA^2	“期末营运资本/期末总资产”的二次项
	流动比率	CR	期末流动资产/期末流动负债
	流动比率的二次项	CR^2	“期末流动资产/期末流动负债”的二次项
	速动比率	QR	（期末流动资产－期末存货）/期末流动负债
	速动比率的二次项	QR^2	“（期末流动资产－期末存货）/期末流动负债”的二次项

续表

变量类型和名称		变量代码	变量的定义或取值方法
控制变量	公司规模	SIZE	年末总资产的自然对数
	资本结构	CS	期末负债总额/期末资产总额
	成长性	GROWTH	(本期营业收入 - 上期营业收入)/上期营业收入
	公司性质	CN	国有取1，非国有取0
	年份	YEAR	虚拟变量
	行业	INDCD	虚拟变量

二、营运资本政策对公司绩效的影响的描述性统计分析

营运资本政策对公司绩效的影响的描述性统计分析结果，见表3-5。从中可以发现如下信息。

①在被解释变量中，总资产收益率（ROA）的均值为0.0402，标准差为0.0460；净资产收益率（ROE）的均值为0.0794，标准差为0.0932；托宾Q值（TBQ）的均值为1.8112，标准差为1.3558；市净率（PB）的均值为3.6741，标准差为2.4393。

②在解释变量中，营运资本比例（WCA）、营运资本比例的二次项（WCA^2）的均值分别为0.1028、0.0616，标准差分别为0.2158、0.0745；流动比率（CR）、流动比率的二次项（CR^2）的均值分别为1.4842、3.0275，标准差分别为0.9082、3.9874；速动比率（QR）、速动比率的二次项（QR^2）的均值分别为1.0615、1.6775，标准差分别为0.7422、2.4733。

表3-5　营运资本政策对公司绩效影响的描述性统计表

变量	样本量	均值	中位数	最小值	最大值	标准差
ROA	7155	0.0402	0.0326	-0.0499	0.1399	0.0460
ROE	7155	0.0794	0.0724	-0.1312	0.2683	0.0932
TBQ	7155	1.8112	1.3996	0.3407	5.3259	1.3558

续表

变量	样本量	均值	中位数	最小值	最大值	标准差
PB	7155	3.6741	2.9353	1.0113	10.0944	2.4393
WCA	7155	0.1028	0.1008	-0.2773	0.4967	0.2158
WCA^2	7155	0.0616	0.0298	0.0003	0.2641	0.0745
CR	7155	1.4842	1.2373	0.4450	4.0367	0.9082
CR^2	7155	3.0275	1.5309	0.1980	16.2951	3.9874
QR	7155	1.0615	0.8458	0.2718	3.1584	0.7422
QR^2	7155	1.6775	0.7153	0.0738	9.9756	2.4733
SIZE	7155	22.0239	21.9048	20.2146	24.3724	1.1378
CS	7155	0.5096	0.5175	0.1714	0.8168	0.1836
GROWTH	7155	0.1268	0.1011	-0.2527	0.6980	0.2356
CN	7155	0.3572	0.0000	0.0000	1.0000	0.4792

三、营运资本政策对公司绩效的影响的相关分析

营运资本政策对公司绩效影响的相关分析结果，见表3-6。从中可以发现如下信息。

①与总资产收益率（ROA）显著正相关的变量有营运资本比例（WCA）、营运资本比例的二次项（WCA^2）、流动比率（CR）、流动比率的二次项（CR^2）、速动比率（QR）、速动比率的二次项（QR^2）和成长性（GROWTH），其相关系数分别为0.408、0.215、0.361、0.307、0.370、0.313和0.308，且显著性水平都为1%；与总资产收益率显著负相关的变量有资本结构（CS）和公司性质（CN），其相关系数分别为-0.423、-0.059，且显著性水平都为1%；与总资产收益率没有显著相关关系的变量有公司规模（SIZE），其相关系数为-0.0060，显著性水平大于10%。

②与净资产收益率（ROE）显著正相关的变量有营运资本比例（WCA）、营运资本比例的二次项（WCA^2）、流动比率（CR）、流动比率的二次项（CR^2）、速动比率（QR）、速动比率的二次项（QR^2）、公司规模（SIZE）和成长性（GROWTH），其相关系数分别为0.241、0.079、0.162、0.120、

0.171、0.127、0.109 和 0.343，且显著性水平都为 1%；与净资产收益率显著负相关的变量有资本结构（CS），其相关系数为 -0.162，显著性水平为 1%；与净资产收益率没有显著相关关系的变量有公司性质（CN），其相关系数为 -0.0190，显著性水平大于 10%。

③与托宾 Q 值（TBQ）显著正相关的变量有营运资本比例（WCA）、营运资本比例的二次项（WCA^2）、流动比率（CR）、流动比率的二次项（CR^2）、速动比率（QR）、速动比率的二次项（QR^2）和成长性（GROWTH），其相关系数分别为 0.384、0.383、0.429、0.407、0.415、0.394 和 0.058，显著性水平都为 1%；与托宾 Q 值显著负相关的变量有公司规模（SIZE）、资本结构（CS）和公司性质（CN），其相关系数分别为 -0.514、-0.473 和 -0.049，显著性水平都为 1%。

④与市净率（PB）显著正相关的变量有营运资本比例（WCA）、营运资本比例的二次项（WCA^2）、流动比率（CR）、流动比率的二次项（CR^2）、速动比率（QR）、速动比率的二次项（QR^2）和成长性（GROWTH），其相关系数分别为 0.103、0.150、0.107、0.103、0.098、0.098 和 0.106；与市净率显著负相关的变量有公司规模（SIZE）和资本结构（CS），其相关系数分别为 -0.402 和 -0.038，显著性水平都为 1%；与市净率没有显著相关关系的变量有公司性质（CN），其相关系数为 -0.0190，显著性水平大于 10%。

四、营运资本政策对公司绩效影响的回归分析

营运资本政策对公司绩效影响的回归分析结果见表 3-7。其中，财务绩效模型以净资产收益率（ROE）为被解释变量，市场绩效模型以托宾 Q 值（TBQ）为被解释变量。

从表 3-7 中财务绩效模型的回归分析结果可以发现如下信息。

①营运资本比例（WCA）的回归系数为 0.1873，且在 1% 水平上显著，说明营运资本比例对净资产收益率有显著的正面影响。

②流动比率（CR）、流动比率的二次项（CR^2）的回归系数分别为 -0.0762、0.0059，且分别在 1%、5% 的水平上显著，说明流动比率与净资产收益率之间有显著的 U 型关系。

表 3－6　变量的 Pearson 相关系数及显著性

系数	ROA	ROE	TBQ	PB	WCA	WCA^2	CR	CR^2	QR	QR^2	SIZE	CS	GROWTH	CN
ROA	1.0000													
ROE	0.876 ***	1.0000												
TBQ	0.373 ***	0.226 ***	1.0000											
PB	0.193 ***	0.170 ***	0.799 ***	1.0000										
WCA	0.408 ***	0.241 ***	0.384 ***	0.103 ***	1.0000									
WCA^2	0.215 ***	0.079 ***	0.383 ***	0.150 ***	0.559 ***	1.0000								
CR	0.361 ***	0.162 ***	0.429 ***	0.107 ***	0.874 ***	0.694 ***	1.0000							
CR^2	0.307 ***	0.120 ***	0.407 ***	0.103 ***	0.743 ***	0.732 ***	0.967 ***	1.0000						
QR	0.370 ***	0.171 ***	0.415 ***	0.098 ***	0.802 ***	0.652 ***	0.946 ***	0.925 ***	1.0000					
QR^2	0.313 ***	0.127 ***	0.394 ***	0.098 ***	0.687 ***	0.687 ***	0.919 ***	0.956 ***	0.964 ***	1.0000				
SIZE	−0.0060	0.109 ***	−0.514 ***	−0.402 ***	−0.239 ***	−0.248 ***	−0.283 ***	−0.263 ***	−0.260 ***	−0.243 ***	1.0000			
CS	−0.423 ***	−0.162 ***	−0.473 ***	−0.038 ***	−0.684 ***	−0.419 ***	−0.752 ***	−0.691 ***	−0.735 ***	−0.669 ***	0.371 ***	1.0000		
GROWTH	0.308 ***	0.343 ***	0.058 ***	0.106 ***	0.036 ***	−0.048 ***	−0.0190	−0.035 ***	−0.021 *	−0.035 ***	0.047 ***	0.050 ***	1.0000	
CN	−0.059 ***	−0.0190	−0.049 ***	−0.0190	−0.098 ***	−0.079 ***	−0.104 ***	−0.091 ***	−0.096 ***	−0.081 ***	0.076 ***	0.096 ***	0.082 ***	1.0000

注：* 表示相关系数在 0.1 水平上是显著的（双尾检验）；** 表示相关系数在 0.05 水平上是显著的（双尾检验）；*** 表示相关系数在 0.01 水平上是显著的（双尾检验）。

表 3-7　变量的 Pearson 相关系数及显著性

变量	财务绩效		市场绩效	
	以 ROE 为被解释变量		以 TBQ 为被解释变量	
	系数	显著性	系数	显著性
常数项	-0.2447***	0.0000	13.3994***	0.0000
WCA	0.1873***	0.0000	0.3081	-0.1233
WCA^2	0.0420**	-0.0369	3.2789***	0.0000
CR	-0.0762***	0.0000	-0.0151	-0.9218
CR^2	0.0059**	-0.0245	-0.0399	-0.1831
QR	0.0320***	-0.0007	-0.1536	-0.1571
QR^2	-0.0017	-0.5857	0.0955***	-0.0074
SIZE	0.0197***	0.0000	-0.4618***	0.0000
CS	-0.0975***	0.0000	-1.7587***	0.0000
GROWTH	0.1183***	0.0000	0.5195***	0.0000
CN	-0.0161***	0.0000	0.0221	-0.3846
YEAR	控制			
INDCD	控制			
有效观测值	7155		7155	
R^2	0.2480		0.5300	
调整 R^2	0.2460		0.5280	
F 值	117.7000		401.9000	
F 值的显著性	0.0000		0.0000	

注：*** 表示 $p<0.01$；** 表示 $p<0.05$；* 表示 $p<0.1$（双尾检验）。

③速动比率（QR）的回归系数为 0.0320，在 1% 水平上显著，说明速动比率对净资产收益率有显著的正面影响。

从表 3-7 中市场绩效模型的回归分析结果可以发现如下信息。

①营运资本比例（WCA）的回归系数为 0.3081，但不显著，说明营运资本比例对托宾 Q 值没有显著影响。

②流动比率（CR）的回归系数为 -0.0151，但不显著，说明流动比率对

托宾 Q 值没有显著影响。

③速动比率（QR）的回归系数为 -0.1536，但不显著，说明速动比率对托宾 Q 值没有显著影响。

五、营运资本政策对公司绩效影响的稳健性检验

用总资产收益率（ROA）替换净资产收益率（ROE）对财务绩效模型进行稳健性检验，用市净率（PB）替换托宾 Q 值对市场绩效模型进行稳健性检验，结果见表 3 -8。

通过与表 3 -7 对照，可以发现，主要变量系数的符号和显著性水平变化不大。所以，营运资本政策对公司绩效影响的回归分析结果是比较稳健的。

表 3 -8　营运资本政策对公司绩效影响的稳健性检验表

变量	财务绩效		市场绩效	
	以 ROA 为被解释变量		以 PB 为被解释变量	
	系数	显著性	系数	显著性
常数项	-0.0835***	0.0000	24.3147***	0.0000
WCA	0.0668***	0.0000	0.7857*	-0.0570
WCA^2	0.0526***	0.0000	1.9432***	0.0000
CR	-0.0246***	0.0000	0.2214	-0.4861
CR^2	0.0002	-0.8597	-0.0606	-0.3266
QR	0.0165***	-0.0001	-0.2253	-0.3146
QR^2	-0.0001	-0.9282	0.1455**	-0.0479
SIZE	0.0090***	0.0000	-0.9741***	0.0000
CS	-0.1084***	0.0000	3.5120***	0.0000
GROWTH	0.0553***	0.0000	1.1353***	0.0000
CN	-0.0091***	0.0000	-0.0470	-0.3716
YEAR	控制			
INDCD	控制			
有效观测值	7155		7155	
R^2	0.3690		0.3810	

续表

变量	财务绩效		市场绩效	
	以 ROA 为被解释变量		以 PB 为被解释变量	
	系数	显著性	系数	显著性
调整 R^2	0.3670		0.3790	
F 值	208.5000		219.4000	
F 值的显著性	0.0000		0.0000	

注：*** 表示 $p<0.01$；** 表示 $p<0.05$；* 表示 $p<0.1$（双尾检验）。

3.3 公司治理结构对营运资本政策的影响

3.3.1 回归模型

为了实证检验公司治理结构对营运资本政策的影响，我们建立回归模型3-3。模型3-2中变量的类型、代码、定义或取值方法见表3-9。

$$WCP_{i,t} = \gamma_0 + \gamma_1 ECR_{i,t} + \gamma_2 ECR^2_{i,t} + \gamma_3 ERR_{i,t} + \gamma_4 ERR^2_{i,t} + \gamma_5 CS_{i,t} + \gamma_6 AC_{i,t} + \gamma_7 MP_{i,t} + \gamma_8 DOL_{i,t} + \gamma_9 DFL_{i,t} + \gamma_{10} ROE_{i,t} + \gamma_{11} DA_{i,t} + \gamma_{12} ICN_{i,t} + \gamma_{13} SIZE_{i,t} + \gamma_{14} GROWTH_{i,t} + \gamma_{15} CN_{i,t} + \sum_{j=16}^{24} \gamma_j YEAR_i + \sum_{o=25}^{27} \gamma_o INDCD_t + \Omega_{i,t}$$

（模型3-2）

表3-9 模型3-2中变量的名称、代码与定义表

变量类型和名称			变量代码	变量的定义或取值方法
被解释变量	营运资本政策（WCP）	营运资本比例	WCA	期末营运资本/期末总资产=(期末流动资产-期末流动负债)/期末总资产
		流动比率	CR	期末流动资产/期末流动负债
		速动比率	QR	(期末流动资产-期末存货)/期末流动负债

续表

变量类型和名称			变量代码	变量的定义或取值方法
解释变量	治理结构变量	股权集中度	ECR	第一大股东持股比例
		股权集中度的二次项	ECR^2	第一大股东持股比例的二次项
		股权制衡度	ERR	第二大、第三大股东持股比例之和/第一大股东持股比例
		股权制衡度的二次项	ERR^2	“第二大、第三大股东持股比例之和/第一大股东持股比例”的二次项
		资本结构	CS	期末负债总额/期末资产总额
		代理成本	AC	总资产周转率
控制变量	经营环境变量	市场地位	MP	(期末预期账款+期末应付账款+期末应付票据)/期末资产总额
		经营活动不确定性	DOL	经营杠杆系数
		财务活动不确定性	DFL	财务杠杆系数
	财务特征变量	盈利能力	ROE	净资产收益率
		发展能力	DA	资本保值增值率
		获取现金的能力	ICN	营业收入现金净含量
	公司规模	年末资产总额	SIZE	年末总资产的自然对数
	成长性	主营业务收入增长率	GROWTH	(本期营业收入-上期营业收入)/上期营业收入
	公司性质		CN	国有取1，非国有取0
	年份		YEAR	虚拟变量
	行业		INDCD	虚拟变量

3.3.2 公司治理结构对营运资本政策影响的描述性统计分析

公司治理结构对营运资本政策影响的描述性统计分析结果，见表3-10。从中可以发现如下信息。

①在营运资本政策变量中，营运资本比例（WCA）的均值为0.1028，标准差为0.2158；流动比率（CR）的均值为1.4842，标准差为0.9082；速动比率（QR）的均值为1.0615，标准差为0.7422。

②在治理结构变量中，股权集中度（ECR）、股权集中度的二次项（ECR^2）的均值分别为0.3486、0.1404，标准差分别为0.1373、0.1028；股权制衡度（ERR）、股权制衡度的二次项（ERR^2）的均值分别为0.3929、0.2834，标准差分别为0.3593、0.4123；资本结构（CS）的均值为0.5096，标准差为0.1836；代理成本（AC）的均值为0.8081，标准差为0.4736。

表3-10　公司治理结构对营运资本政策影响的描述性统计分析表

变量	样本量	均值	中位数	最小值	最大值	标准差
WCA	7155	0.1028	0.1008	-0.2773	0.4967	0.2158
CR	7155	1.4842	1.2373	0.4450	4.0367	0.9082
QR	7155	1.0615	0.8458	0.2718	3.1584	0.7422
ECR	7155	0.3486	0.3334	0.1347	0.6120	0.1373
ECR^2	7155	0.1404	0.1112	0.0181	0.3745	0.1028
ERR	7155	0.3929	0.2649	0.0245	1.1980	0.3593
ERR^2	7155	0.2834	0.0702	0.0006	1.4353	0.4123
CS	7155	0.5096	0.5175	0.1714	0.8168	0.1836
AC	7155	0.8081	0.6836	0.2164	1.9924	0.4736
MP	7155	0.1775	0.1478	0.0315	0.4453	0.1165
DOL	7155	1.5272	1.4041	0.5341	2.9584	0.5580
DFL	7155	1.5469	1.1715	0.5657	4.7125	0.9972
ROE	7155	0.0794	0.0724	-0.1312	0.2683	0.0932
DA	7155	1.1348	1.0681	0.8297	1.8178	0.2307
ICN	7155	0.0825	0.0669	-0.1219	0.3326	0.1125
SIZE	7155	22.0239	21.9048	20.2146	24.3724	1.1378
GROWTH	7155	0.1268	0.1011	-0.2527	0.6980	0.2356
CN	7155	0.3572	0.0000	0.0000	1.0000	0.4792

3.3.3　公司治理结构对营运资本政策影响的相关分析

公司治理结构对营运资本政策影响的相关分析结果，见表3-11。

表3-11 公司治理结构对营运资本政策影响的相关分析表

变量	WCA	CR	QR	ECR	ECR^2	ERR	ERR^2	CS	AC
WCA	1.0000								
CR	0.874***	1.0000							
QR	0.802***	0.946***	1.0000						
ECR	-0.045***	-0.065***	-0.078***	1.0000					
ECR^2	-0.062***	-0.077***	-0.085***	0.983***	1.0000				
ERR	0.054***	0.072***	0.102***	-0.604***	-0.570***	1.0000			
ERR^2	0.044***	0.069***	0.096***	-0.536***	-0.490***	0.960***	1.0000		
CS	-0.684***	-0.752***	-0.735***	0.062***	0.066***	-0.065***	-0.060***	1.0000	
AC	0.039***	-0.060***	-0.067***	0.104***	0.099***	-0.035***	-0.041***	0.108***	1.0000
MP	-0.085***	-0.248***	-0.250***	0.054***	0.048***	-0.055***	-0.067***	0.419***	0.476***
DOL	-0.178***	-0.125***	-0.119***	0.028**	0.029**	-0.052***	-0.044***	0.026**	-0.060***
DFL	-0.319***	-0.292***	-0.284***	-0.0090	-0.0080	-0.032***	-0.021*	0.329***	-0.080***
ROE	0.241***	0.162***	0.171***	0.080***	0.080***	0.063***	0.049***	-0.162***	0.236***
DA	0.196***	0.139***	0.160***	-0.022*	-0.022*	0.109***	0.084***	-0.140***	0.059***
ICN	-0.059***	0.0170	0.071***	0.040***	0.052***	0.042***	0.050***	-0.127***	-0.245***
SIZE	-0.239***	-0.283***	-0.260***	0.244***	0.264***	-0.081***	-0.065***	0.371***	0.053***
GROWTH	0.036***	-0.0190	-0.021*	0.048***	0.049***	0.0180	0.0120	0.050***	0.156***
CN	-0.098***	-0.104***	-0.096***	0.103***	0.106***	0.0040	0.0050	0.096***	0.0190

续表

变量	MP	DOL	DFL	ROE	DA	ICN	SIZE	GROWTH	CN
WCA									
CR									
QR									
ECR									
ECR^2									
ERR									
ERR^2									
CS									
AC									
MP	1.0000								
DOL	-0.060***	1.0000							
DFL	-0.029**	0.414***	1.0000						
ROE	0.081***	-0.181***	-0.196***	1.0000					
DA	-0.0100	-0.099***	-0.089***	0.465***	1.0000				
ICN	-0.236***	0.040***	-0.036***	0.234***	0.050***	1.0000			
SIZE	0.123***	0.069***	0.118***	0.109***	0.062***	0.083***	1.0000		
GROWTH	0.069***	-0.087***	-0.058***	0.343***	0.260***	0.034***	0.047***	1.0000	
CN	0.030**	0.036***	0.029**	-0.0190	0.113***	0.024**	0.076***	0.082***	1.0000

注：*** 表示 $p<0.01$；** 表示 $p<0.05$；* 表示 $p<0.1$（双尾检验）。

从表3－11中可以发现如下信息。

①股权制衡度（ERR）、股权制衡度的二次项（ERR^2）、代理成本（AC）与营运资本比例（WCA）显著正相关，其相关系数分别为0.054、0.044、0.039，且显著性水平都为1%；股权集中度（ECR）、股权集中度的二次项（ECR^2）、资本结构（CS）与营运资本比例（WCA）显著负相关，其相关系数分别为－0.045、－0.062、－0.684，且显著性水平都为1%。

②股权制衡度（ERR）、股权制衡度的二次项（ERR^2）与流动比率（CR）显著正相关，其相关系数分别为0.072、0.069，显著性水平都为1%；股权集中度（ECR）、股权集中度的二次项（ECR^2）、资本结构（CS）、代理成本（AC）与流动比率显著负相关，其相关系数分别为－0.065、－0.077、－0.752、－0.060，且显著性水平都为1%。

③股权制衡度（ERR）、股权制衡度的二次项（ERR^2）与速动比率（QR）显著正相关，其相关系数分别为0.102、0.096，显著性水平都为1%；股权集中度（ECR）、股权集中度的二次项（ECR^2）、资本结构（CS）、代理成本（AC）与速动比率显著负相关，其相关系数分别为－0.078、－0.085、－0.735、－0.067，显著性水平都为1%。

3.3.4　公司治理结构对营运资本政策影响的回归分析

公司治理结构对营运资本政策影响的回归分析结果，见表3－12。

表3－12　公司治理结构对营运资本政策影响的回归分析表

项目	以WCA为因变量	
	系数	显著性
常数项	0.3348***	0.0000
ECR	0.5661***	0.0000
ECR^2	－0.7557***	0.0000
ERR	－0.0367**	－0.0480
ERR^2	0.0431***	－0.0052
CS	－0.8646***	0.0000

续表

项目	以 WCA 为因变量	
	系数	显著性
AC	-0.0228***	0.0000
MP	0.3426***	0.0000
DOL	-0.0472***	0.0000
DFL	-0.0001	-0.9425
ROE	0.2213***	0.0000
DA	0.0367***	0.0000
ICN	-0.2078***	0.0000
SIZE	0.0038**	-0.0349
GROWTH	0.0265***	-0.0010
CN	0.0042	-0.2779
YEAR	控制	
INDCD	控制	
有效观测值	7155	
R^2	0.5790	
调整 R2	0.5770	
F 值	392.0000	
F 值的显著性	0.0000	

注：*** 表示 $p<0.01$；** 表示 $p<0.05$；* 表示 $p<0.1$（双尾检验）。

从表3-12中可以看出，以营运资本比例（WCA）为被解释变量的模型的 R^2 为0.5790，说明该模型具有较强的解释能力，且模型的F值在1%水平上显著，说明通过了F检验。

从表3-12中还可以发现如下信息。

①股权集中度（ECR）、股权集中度的二次项（ECR^2）的回归系数分别为0.5661、-0.7557，且都在1%的水平上显著，说明股权集中度与营运资本比例之间有显著的倒U型关系。

②股权制衡度（ERR）、股权制衡度的二次项（ERR^2）的回归系数分别

为-0.0367、0.0431，且分别在5%、1%的水平上显著，说明股权制衡度与营运资本比例之间有显著的U型关系。

③资本结构（CS）的回归系数为-0.8646，在1%的水平上显著，说明资本结构对营运资本比例有显著的负面影响。

④代理成本（AC）的回归系数为-0.0228，在1%的水平上显著，说明代理成本对营运资本比例也有显著的负面影响。

3.3.5 公司治理结构对营运资本政策影响的稳健性检验

我们分别用流动比率（CR）和速动比率（QR）替换营运资本比例（WCA）进行稳健性检验，结果见表3-13。通过与表3-12对照，可以发现，主要变量系数的符号和显著性水平变化不大。所以，公司治理结构对营运资本政策影响的回归分析结果是比较稳健的。

表3-13 公司治理结构对营运资本政策影响的稳健性检验表

项目	以CR为因变量		以QR为因变量	
	系数	显著性	系数	显著性
常数项	3.2110***	0.0000	2.3160***	0.0000
ECR	2.0385***	0.0000	1.0141***	-0.0001
ECR^2	-2.6588***	0.0000	-1.3107***	-0.0001
ERR	-0.2163***	-0.0043	-0.0369	-0.5677
ERR^2	0.2766***	0.0000	0.1427***	-0.0078
CS	-3.7101***	0.0000	-2.9877***	0.0000
AC	-0.0975***	0.0000	-0.0576***	-0.0002
MP	0.3967***	0.0000	0.3837***	0.0000
DOL	-0.1513***	0.0000	-0.1197***	0.0000
DFL	0.0040	-0.6204	0.0047	-0.4969
ROE	0.3611***	-0.0002	0.1974**	-0.0165
DA	0.0465	-0.1810	0.1216***	0.0000

续表

项目	以 CR 为因变量		以 QR 为因变量	
	系数	显著性	系数	显著性
ICN	-0.4113***	0.0000	-0.0309	-0.6061
SIZE	-0.0043	-0.5663	-0.0020	-0.7561
GROWTH	0.0525	-0.1103	0.0235	-0.4003
CN	0.0218	-0.1717	0.0183	-0.1774
YEAR	控制			
INDCD	控制			
有效观测值	7155		7155	
R^2	0.6020		0.5680	
调整 R2	0.6010		0.5660	
F 值	432.0000		374.5000	
F 值的显著性	0.0000		0.0000	

注：*** 表示 $p<0.01$；** 表示 $p<0.05$；* 表示 $p<0.1$（双尾检验）。

3.4 本章研究结论

本章以沪市和深市 2007—2015 年制造业，批发和零售业，以及电力、热力、燃气及水生产和供应业上市公司（分别代表竞争性、垄断竞争性和垄断性行业）为研究样本，对上市公司营运资本政策及其对公司绩效的影响，以及公司治理结构如何影响营运资本政策进行统计分析和实证检验。

通过对上市公司营运资本政策统计分析，发现如下信息。

①在竞争性行业，稳健型公司最多，其次是激进型公司，而保守型公司最少。从变动趋势来看，从 2007 年到 2015 年，三类公司所占比例比较稳定，变化不大。稳健性公司占比呈下降趋势，保守型公司占比小幅上升，激进型公司占比小幅波动。

②在垄断竞争性行业，稳健型公司最多，其次是激进型公司，而保守型公司最少。从变动趋势来看，从 2007 年到 2015 年，三类公司所占比例变化

较大。稳健型公司占比小幅波动，保守型公司占比小幅上升，激进型公司占比呈下降趋势。

③在垄断性行业，激进型公司最多，其次是稳健型公司，而保守型公司最少。从变动趋势来看，从2007年到2015年，三类公司所占比例比较稳定，小幅波动，变化不大。

通过对保守型、稳健型和激进型上市公司财务绩效和市场绩效比较分析，发现如下信息。

①保守型公司的总资产净利率和净资产收益率均最大，其次是稳健型公司，激进型公司的总资产净利率和净资产收益率均最小。从2007年到2015年，保守型、稳健型和激进型上市公司的总资产净利率和净资产收益率均有波动，总体上呈下降趋势。

②保守型公司的托宾Q值和市净率均最大，其次是稳健型公司，激进型公司的托宾Q值和市净率均最小。从2007年到2015年，保守型、稳健型和激进型上市公司的托宾Q值和市净率均有较大的波动，2007年、2009年、2010年等年份的托宾Q值和市净率均较大，2008年、2011—2014年等年份的托宾Q值和市净率均较小。

通过对营运资本政策如何影响公司绩效进行实证检验，发现如下信息。

①营运资本比例对净资产收益率有显著的正面影响；流动比率与净资产收益率之间有显著的U型关系；速动比率对净资产收益率有显著的正面影响。

②营运资本比例对托宾Q值没有显著影响；流动比率对托宾Q值没有显著影响；速动比率对托宾Q值没有显著影响。

通过对公司治理结构如何影响营运资本政策进行实证检验，发现如下信息。

①股权集中度与营运资本比例之间有显著的倒U型关系。

②股权制衡度与营运资本比例之间有显著的U型关系。

③资本结构对营运资本比例有显著的负面影响。

④代理成本对营运资本比例有显著的负面影响。

第 4 章
治理结构、长期投资政策与公司绩效实证检验

CHAPTER 4

4.1 研究设计

4.1.1 公司治理机制、长期投资政策与公司绩效的计量

一、公司治理机制的计量

公司治理机制可以分为内部治理机制和外部治理机制。内部治理机制用公司性质（GSXZ）、股权集中度（ECR）、股权集中度的二次项（ECR^2）、股权制衡度（ERR）、股权制衡度的二次项（ERR^2）、薪酬激励（XCJL）和股权激励（GQJL）表示；外部治理机制是产品市场竞争，用市场占有率（SCZY）、市场地位（SCDW）和主营业务收入增长率（YSZZ）表示。

二、长期投资政策的计量

我们用长期投资规模、长期投资结构和长期投资周转率计量长期投资政策。长期投资规模用非流动资产增长率（NLA）表示；长期投资结构用创新性投资比例（CXBL）、生产性投资比例（SCBL）和权益性投资比例（QYBL）表示；长期投资周转率用创新性投资周转率（CXZZ）、生产性投资周转率（SCZZ）和权益性投资周转率（QYZZ）表示。

三、公司绩效的计量

公司绩效用总资产净利率（ROA）和净资产收益率（ROE）表示。

4.1.2 样本选择、数据来源与数据处理

以 2007—2015 年制造业，批发和零售业及电力、热力、燃气及水生产和供应业上市公司（分别代表竞争性、垄断竞争性和垄断性行业）为研究样本，

样本数据来源于国泰安数据库。初选样本同时满足以下条件：①在“行业分类标准”中勾选“证监会2012年行业分类”；②在“ST&非ST”中勾选“非ST股票”；③在“证监会2012年行业分类”中选择“制造业”“批发和零售业”和“电力、热力、燃气及水生产和供应业”。

对数据进行以下处理：①缺失值的剔除，把存在缺失值的样本，直接删除，最后得到5107个样本观测值；②异常值的处理，利用winsor命令进行5%的缩尾处理。

4.2 长期投资政策对公司绩效的影响

4.2.1 回归模型

为了检验长期投资政策对公司绩效的影响，设定回归模型4－1。模型4－1中变量的名称、代码和计量方法见表4－1。

$$ROA_{i,t} = \beta_0 + \beta_1 NLA_{i,t} + \beta_2 CXBL_{i,t} + \beta_3 SCBL_{i,t} + \beta_4 QYBL_{i,t} + \beta_5 CXZZ_{i,t} + \beta_6 SCZZ_{i,t} + \beta_7 QYZZ_{i,t} + \beta_8 SIZE_{i,t} + \beta_9 GSXZ_{i,t} + \sum_{10}^{18} \beta_i YEAR + \sum_{19}^{21} \beta_i INDY + \mu_{i,t}$$

（模型4－1）

表4－1　模型4－1中变量的名称、代码和计量方法

变量类别和名称			代码	变量的定义
被解释变量	公司绩效	总资产净利率	ROA	公司净利润与平均资产总额的百分比
		净资产收益率	ROE	净利润与平均股东权益的百分比
解释变量	长期投资规模	非流动资产增长率	NLA	(本年非流动资产总额－上一年非流动资产总额)/本年非流动资产总额
	长期投资结构	创新性投资比例	CXBL	(无形资产增加额＋开发支出增加额)/资产总额
		生产性投资比例	SCBL	(固定资产增加额＋在建工程增加额＋工程物资增加额)/资产总额

续表

变量类别和名称			代码	变量的定义
解释变量	长期投资结构	权益性投资比例	QYBL	(可供出售金融资产增加额+持有至到期投资增加额+长期股权投资增加额+ 商誉增加额)/资产总额
	长期投资周转率	创新性投资周转率	CXZZ	[第T年的主营业务收入/第T年的(无形资产+开发支出)]/100
		生产性投资周转率	SCZZ	[第T年的主营业务收入/第T年的(固定资产+在建工程+工程物资)]/100
		权益性投资周转率	QYZZ	[第T年的主营业务收入/第T年的(可供出售金融资产+持有至到期投资+长期股权投资+商誉)]/100
控制变量	公司规模	年末资产总额	SIZE	年末总资产的自然对数
	公司性质		GSXZ	国有为0，非国有为1
	年份		YEAR	
	行业		INDY	

4.2.2 长期投资政策对公司绩效影响的描述性统计分析

长期投资政策对公司绩效影响的描述性统计分析结果，见表4-2。

表4-2 长期投资政策对公司绩效影响的描述性统计分析表

变量	样本总量	均值	方差	最小值	中值	最大值
ROA	5107	0.0365	0.0428	-0.0520	0.0306	0.1306
ROE	5107	0.0738	0.0873	-0.1351	0.0692	0.2442
NLA	5107	0.1488	0.2299	-0.1604	0.0879	0.7659
CXBL	5107	0.0054	0.0125	-0.0107	0.0005	0.0420
SCBL	5107	0.0245	0.0522	-0.0596	0.0124	0.1528
QYBL	5107	0.0094	0.0296	-0.0395	0.0012	0.0937
CXZZ	5107	0.4323	0.6462	0.0329	0.1847	2.6656
SCZZ	5107	0.0377	0.0388	0.0046	0.0237	0.1564
QYZZ	5107	0.5364	0.8248	0.0136	0.1784	3.1946
SIZE	5107	22.1165	1.0866	20.3722	22.0058	24.3628
GSXZ	5107	0.4022	0.4904	0.0000	0.0000	0.0000

从表 4－2 中可以发现以下信息。

①样本公司的 ROA（总资产净利率）的平均值为 0.0365，标准差为 0.0428，样本公司的总资产净利率差别较大。

②样本公司的 ROE（净资产收益率）的平均值为 0.0738，标准差为 0.0873，样本公司的净资产收益率差别较大。

③样本公司的 NLA（非流动资产增长率）的平均值为 0.1488，标准差为 0.2299；CXBL（创新性投资比例）的平均值为 0.0054，标准差为 0.0125；SCBL（生产性投资比例）的平均值为 0.0245，标准差为 0.0522；QYBL（权益性投资比例）的平均值为 0.0094，标准差为 0.0296；CXZZ（创新性投资周转率）的平均值为 0.4323，标准差为 0.6462；SCZZ（生产性投资周转率）的平均值为 0.0377，标准差为 0.0388；QYZZ（权益性投资周转率）的平均值为 0.5364，标准差为 0.8248。

4.2.3 长期投资政策对公司绩效影响的相关分析

长期投资政策对公司绩效影响的相关分析结果，见表 4－3。从表 4－3 中可以发现如下信息。

①非流动资产增长率（NLA）与总资产净利率（ROA）的相关系数为 0.182，显著性为 0.000，在 1% 水平上显著相关；创新性投资比例（CXBL）与总资产净利率（ROA）的相关系数为 0.110，显著性为 0.000，在 1% 水平上显著相关；生产性投资比例（SCBL）与总资产净利率（ROA）的相关系数为 0.109，显著性为 0.000，在 1% 水平上显著相关；权益性投资比例（QYBL）与总资产净利率（ROA）的相关系数为 0.143，显著性为 0.000，在 1% 水平上显著相关；创新性投资周转率（CXZZ）与总资产净利率（ROA）的相关系数为 0.050，显著性为 0.000，在 1% 水平上显著相关；生产性投资周转率（SCZZ）与总资产净利率（ROA）的相关系数为 0.186，显著性为 0.000，在 1% 水平上显著相关；权益性投资周转率（QYZZ）与总资产净利率（ROA）的相关系数为 0.037，显著性为 0.008，在 1% 水平上显著相关。

表 4-3　长期投资政策与公司绩效变量的相关系数及其显著性

变量	相关系数和显著性	ROA	ROE	NLA	CXBL	SCBL	QYBL	CXZZ	SCZZ	QYZZ	SIZE	GSXZ
ROA	相关系数	1										
	显著性											
ROE	相关系数	0.865***	1									
	显著性	0.000										
NLA	相关系数	0.182***	0.188***	1								
	显著性	0.000	0.000									
CXBL	相关系数	0.110***	0.089***	0.434***	1							
	显著性	0.000	0.000	0.000								
SCBL	相关系数	0.109***	0.136***	0.644***	0.261***	1						
	显著性	0.000	0.000	0.000	0.000							
QYBL	相关系数	0.143***	0.107***	0.429***	0.034**	-0.028**	1					
	显著性	0.000	0.000	0.000	0.015	0.046						
CXZZ	相关系数	0.050***	0.096***	-0.046***	-0.196***	-0.115***	0.026*	1				
	显著性	0.000	0.000	0.001	0.000	0.000	0.062					
SCZZ	相关系数	0.186***	0.234***	0.006	-0.062***	-0.220***	0.033**	0.457***	1			
	显著性	0.000	0.000	0.647	0.000	0.000	0.017	0.000				
QYZZ	相关系数	0.037***	0.065***	-0.012	0.018	0.026*	-0.234***	0.105***	0.155***	1		
	显著性	0.008	0.000	0.407	0.195	0.064	0.000	0.000	0.000			
SIZE	相关系数	0.024*	0.112***	0.161***	0.055***	0.240***	0.047***	0.033**	0.005	0.029**	1	
	显著性	0.090	0.000	0.000	0.000	0.000	0.001	0.019	0.695	0.041		
GSXZ	相关系数	0.094***	0.042***	0.035**	0.025*	-0.037***	0.045***	-0.093***	-0.069***	-0.036***	-0.216***	1
	显著性	0.000	0.003	0.012	0.076	0.008	0.001	0.000	0.000	0.009	0.000	

注：* 表示在 10% 置信水平下显著（双尾检验）；** 表示在 5% 置信水平下显著（双尾检验）；*** 表示在 1% 置信水平下显著（双尾检验）。

②非流动资产增长率（NLA）与净资产收益率（ROE）的相关系数为0.188，显著系数为0.000，在1%水平上显著相关；创新性投资比例（CXBL）与净资产收益率（ROE）的相关系数为0.089，显著系数为0.000，在1%水平上显著相关；生产性投资比例（SCBL）与净资产收益率（ROE）的相关系数为0.136，显著系数为0.000，在1%水平上显著相关；权益性投资比例（QYBL）与净资产收益率（ROE）的相关系数为0.107，显著系数为0.000，在1%水平上显著相关；创新性投资周转率（CXZZ）与净资产收益率（ROE）的相关系数为0.096，显著系数为0.000，在1%水平上显著相关；生产性投资周转率（SCZZ）与净资产收益率（ROE）的相关系数为0.234，显著系数为0.000，在1%水平上显著相关；权益性投资周转率（QYZZ）与净资产收益率（ROE）的相关系数为0.065，显著系数为0.000，在1%水平上显著相关。

4.2.4 长期投资政策对公司绩效影响的回归分析

长期投资政策对公司绩效影响的回归分析结果，见表4－4。

表4－4　长期投资政策对公司绩效影响的回归分析表

项目	系数	显著性
常数项	2.5397***	0.0000
NLA	－0.0077*	0.0934
CXBL	0.2460***	0.0000
SCBL	0.1386***	0.0000
QYBL	0.2318***	0.0000
CXZZ	－0.0016	0.1118
SCZZ	0.2619***	0.0000
QYZZ	0.0014*	0.0528
SIZE	0.0011*	0.0537
GSXZ	控制	
YEAR	控制	
INDY	控制	

续表

项目	系数	显著性
有效观测值	5，107	
R^2	0.105	
调整的 R^2	0.103	
F 值	54.09	
F 值的显著性	0.0000	

从表 4 -4 中可以发现如下信息。

①总资产净利率（ROA）与非流动资产增长率（NLA）的回归系数为 -0.0077，且在 10% 水平上显著，说明非流动资产增长率（NLA）对总资产净利率（ROA）有一定的负面影响。

②总资产净利率（ROA）与创新性投资比例（CXBL）的回归系数为 0.2460，且在 1% 水平上显著，说明创新性投资比例（CXBL）对总资产净利率（ROA）有显著的正面影响。

③总资产净利率（ROA）与生产性投资比例（SCBL）的回归系数为 0.1386，且在 1% 水平上显著，说明生产性投资比例（SCBL）对总资产净利率（ROA）有显著的正面影响。

④总资产净利率（ROA）与权益性投资比例（QYBL）的回归系数为 0.2318，且在 1% 水平上显著，说明权益性投资比例（QYBL）对总资产净利率（ROA）有显著的正面影响。

⑤总资产净利率（ROA）与创新性投资周转率（CXZZ）的回归系数为 -0.0016，且不显著，说明创新性投资周转率（CXZZ）对总资产净利率（ROA）没有显著的影响。

⑥总资产净利率（ROA）与生产性投资周转率（SCZZ）的回归系数为 0.2619，且在 1% 水平上显著，说明生产性投资周转率（SCZZ）对总资产净利率（ROA）有显著的正面影响。

⑦总资产净利率（ROA）与权益性投资周转率（QYZZ）的回归系数为 0.0014，且在 10% 水平上显著，说明权益性投资周转率（QYZZ）对总资产净利率（ROA）有比较显著的正面影响。

4.2.5 长期投资政策对公司绩效影响的稳健性检验

用净资产收益率（ROE）代替总资产收益率（ROA）做稳健性检验，结果见表4-5。将其与表4-4对照，可以发现，主要变量系数的符号和显著性水平变化不大。所以，长期投资政策对公司绩效影响的回归分析结果是比较稳健的。

表4-5 长期投资政策对公司绩效影响的稳健性检验

项目	系数	显著性
常数项	7.7131***	0.0000
NLA	-0.0056	0.5391
CXBL	0.2739**	0.0103
SCBL	0.2873***	0.0000
QYBL	0.3239***	0.0000
CXZZ	-0.0026	0.2125
SCZZ	0.6283***	0.0000
QYZZ	0.0043***	0.0034
SIZE	0.0094***	0.0000
GSXZ	控制	
YEAR	控制	
INDY	控制	
有效观测值	5，107	
R^2	0.129	
调整的 R^2	0.127	
F值	68.75	
F值的显著性	0.0000	

4.3 公司治理结构对长期投资政策的影响

4.3.1 回归模型

为了检验公司治理结构对长期投资政策的影响，建立回归模型4-2。模型4-2中变量的类型、代码、定义和取值方法见表4-6。

$$CQTZ_{i,t} = \alpha_0 + \alpha_1 ECR_{i,t} + \alpha_2 ECR_{i,t}^2 + \alpha_3 ERR_{i,t} + \alpha_4 ERR_{i,t}^2 + \alpha_5 XCJL_{i,t} + \alpha_6 GQJL_{i,t} + \alpha_7 YSZZ_{i,t} + \alpha_8 SCZY_{i,t} + \alpha_9 SCDW_{i,t} + \alpha_{10} SIZE_{i,t} + \alpha_{11} GSXZ_{i,t} + \sum_{n=12}^{20} \alpha_n YEAR + \sum_{r=21}^{23} \alpha_r INDY + \eta_{i,t}$$

（模型4-2）

表4-6　模型4-2中变量的名称、代码和计量方法

变量类型和名称				代码	变量的定义或取值方法
被解释变量	长期投资政策（CQTZ）	长期投资规模	非流动资产增长率	NLA	（本年非流动资产总额-上一年非流动资产总额）/本年非流动资产总额
		长期投资结构	创新性投资比例	CXBL	（无形资产增加额+开发支出增加额）/资产总额
			生产性投资比例	SCBL	（年末固定资产增加额+年末在建工程增加额+年末工程物资增加额）/年末资产总额
			权益性投资比例	QYBL	（可供出售金融资产增加额+持有至到期投资增加额+长期股权投资增加额+ 商誉增加额）/资产总额
		长期投资周转率	创新性投资周转率	CXZZ	［第T年的主营业务收入/第T年的（无形资产+开发支出）］/100
			生产性投资周转率	SCZZ	［第T年的主营业务收入/第T年的（固定资产+在建工程+工程物资）］/100
			权益性投资周转率	QYZZ	［第T年的主营业务收入/第T年的（可供出售金融资产+持有至到期投资+长期股权投资+商誉）］/100
解释变量	内部治理机制变量		股权集中度	ECR	第一大股东持股比例
			股权集中度的二次项	ECR^2	“第一大股东持股比例”的平方
			股权制衡度	ERR	第二大、第三大股东持股比例之和/第一大股东持股比例

续表

变量类型和名称			代码	变量的定义或取值方法
解释变量	内部治理机制变量	股权制衡度的二次项	ERR^2	"第二大、第三大股东持股比例之和/第一大股东持股比例"的平方
		高管薪酬激励	XCJL	高管薪酬总额（单位：千万元）
		高管股权激励	GQJL	高管持股市值总额/净利润
	外部治理机制变量	主营业务收入增率	YSZZ	(本期主营业务收入－上期主营业务收入)/上期主营业务收入×100%
		市场占有率	SCZY	本公司的主营业务收入/全行业的主营业务收入
		市场地位	SCDW	(年末预收账款＋年末应付账款＋年末应付票据)/年末资产总额
控制变量	公司规模	年末资产总额	SIZE	年末总资产的自然对数
	公司性质		GSXZ	国有为0，非国有为1
	年份		YEAR	
	行业		INDY	

4.3.2　公司治理结构对长期投资政策影响的描述性统计分析

公司治理结构对长期投资政策影响的描述性统计分析结果，见表4－7。

表4－7　公司治理结构对长期投资政策影响的描述性统计分析表

变量	样本总量	平均值	标准差	最小值	中位数	最大值
NLA	5107	0.1488	0.2299	－0.1604	0.0879	0.7659
CXBL	5107	0.0054	0.0125	－0.0107	0.0005	0.0420
SCBL	5107	0.0245	0.0522	－0.0596	0.0124	0.1528
QYBL	5107	0.0094	0.0296	－0.0395	0.0012	0.0937
CXZZ	5107	0.4323	0.6462	0.0329	0.1847	2.6656
SCZZ	5107	0.0377	0.0388	0.0046	0.0237	0.1564
QYZZ	5107	0.5364	0.8248	0.0136	0.1784	3.1946
ECR	5107	0.3471	0.1378	0.1388	0.3330	0.6108
ECR^2	5107	0.1394	0.1031	0.0193	0.1109	0.3731
ERR	5107	0.3854	0.3607	0.0236	0.2412	1.1822

续表

变量	样本总量	平均值	标准差	最小值	中位数	最大值
ERR^2	5107	0.2786	0.4093	0.0006	0.0582	1.3976
XCJL	5107	0.2717	0.2774	0.0000	0.1913	0.9813
GQJL	5107	0.0563	0.1622	0.0000	0.0000	0.6793
YSZZ	5107	0.1289	0.2341	-0.2524	0.1023	0.6941
SCZY	5107	0.0022	0.0036	0.0001	0.0007	0.0139
SCDW	5107	0.1796	0.1173	0.0319	0.1504	0.4462
SIZE	5107	22.1165	1.0866	20.3722	22.0058	24.3628

从表4-7中可以发现如下信息。

①NLA（非流动资产增长率）的平均值为0.1488，标准差为0.2299。样本公司的长期投资规模有较大差异。

②CXBL（创新性投资比例）的平均值为0.0054，标准差为0.0125；SCBL（生产性投资比例）的平均值为0.0245，标准差为0.0522；QYBL（权益性投资比例）的平均值为0.0094，标准差为0.0296。样本公司的长期投资结构差别较大。

③CXZZ（创新性投资周转率）的平均值为0.4323，标准差为0.6462；SCZZ（生产性投资周转率）的平均值为0.0377，标准差为0.0388；QYZZ（权益性投资周转率）的平均值为0.5364，标准差为0.8248。样本公司的长期投资周转率差别很大。

④ECR（股权集中度）、ECR^2（股权集中度的二次项）的平均值分别为0.3471、0.1394，标准差分别为0.1378、0.1031；ERR（股权制衡度）、ERR^2（股权制衡度的二次项）的平均值分别为0.3854、0.2786，标准差分别为0.3607、0.4093；XCJL（高管薪酬激励）的平均值为0.2717，标准差为0.2774；GQJL（高管股权激励）的平均值为0.0563，标准差为0.1622；YSZZ（主营业务收入增长率）的平均值为0.1289，标准差为0.2341；SCZY（市场占有率）的平均值为0.0022，标准差为0.0036；SCDW（市场地位）的平均值为0.1796，标准差为0.1173。

4.3.3 公司治理结构对长期投资政策影响的相关分析

公司治理结构对长期投资政策影响的相关分析结果，见表4-8。

表 4－8　公司治理结构对长期投资政策影响的相关分析表

变量	NLA	CXBL	SCBL	QYBL	CXZZ	SCZZ	QYZZ	ECR	ECR^2	ERR	ERR^2	XCJL	GQJL	YSZZ	SCZY	SCDW	SIZE	GSXZ
NLA	1																	
CXBL	0.434***	1																
SCBL	0.644***	0.261***	1															
QYBL	0.429***	0.034**	−0.028**	1														
CXZZ	−0.046***	−0.196***	−0.115***	0.026*	1													
SCZZ	0.006	−0.062***	−0.220***	0.033**	0.457***	1												
QYZZ	−0.012	0.018	0.026*	−0.234***	0.105***	0.155***	1											
ECR	0.044***	0.039***	0.062***	0.000	0.147***	0.054***	0.067***	1										
ECR^2	0.048***	0.042***	0.067***	0.006	0.150***	0.038***	0.055***	0.984***	1									
ERR	0.057***	0.041***	0.053***	0.029**	−0.084***	−0.042***	−0.007	−0.607***	−0.571***	1								
ERR^2	0.048***	0.034**	0.050***	0.028**	−0.066***	−0.052***	−0.016	−0.537***	−0.491***	0.962***	1							
XCJL	0.052***	0.025*	0.067***	0.034**	0.065***	0.145***	−0.067***	0.084***	0.081***	−0.004	−0.010	1						
GQJL	0.078***	0.059***	0.027*	0.057***	−0.071***	−0.021	−0.042***	−0.198***	−0.189***	0.143***	0.115***	0.104***	1					
YSZZ	0.303***	0.201***	0.254***	0.043***	0.033**	0.116***	0.061***	0.042***	0.042***	0.025*	0.021	0.003	0.029**	1				
SCZY	0.062***	0.004	0.091***	0.033**	0.293***	0.277***	0.056***	0.244***	0.257***	−0.036**	−0.028**	0.351***	−0.086***	0.087***	1			
SCDW	0.016	−0.031**	−0.068***	−0.093***	0.210***	0.464***	0.219***	0.034**	0.018	−0.045***	−0.065***	0.039***	−0.041***	0.071***	0.171***	1		
SIZE	0.161***	0.055***	0.240***	0.047***	0.033**	0.005	0.029**	0.289***	0.297***	−0.082***	−0.070***	0.381***	−0.057***	0.053***	0.602***	0.092***	1	
GSXZ	0.035**	0.025*	−0.037***	0.045***	−0.093***	−0.069***	−0.036***	−0.278***	−0.266***	0.176***	0.139***	−0.081***	0.312***	0.011	−0.248***	−0.100***	−0.216***	1

注：* 表示在 10% 置信水平下显著（双尾检验）；** 表示在 5% 置信水平下显著（双尾检验）；*** 表示在 1% 置信水平下显著（双尾检验）。

从表4-8中可以发现如下信息。

①股权集中度（ECR）、股权集中度的二次方（ECR^2）与非流动资产增长率（NLA）的相关系数分别为0.044和0.048，都在1%水平上显著；股权制衡度（ERR）、股权制衡度的二次方（ERR^2）与非流动资产增长率（NLA）的相关系数分别为0.057和0.048，均在1%水平上显著；高管薪酬激励（XCJL）与非流动资产增长率（NLA）的相关系数为0.052，在1%水平上显著；高管股权激励（GQJL）与非流动资产增长率（NLA）的相关系数为0.078，在1%水平上显著；主营业务收入增长率（YSZZ）与非流动资产增长率（NLA）的相关系数为0.303，在1%水平上显著；市场占有率（SCZY）与非流动资产增长率（NLA）的相关系数为0.062，在1%水平上显著；市场地位（SCDW）与非流动资产增长率（NLA）的相关系数为0.016，不显著。

②股权集中度（ECR）、股权集中度的二次方（ECR^2）与创新性投资比例（CXBL）的相关系数分别为0.039和0.042，都在1%水平上显著；股权制衡度（ERR）、股权制衡度的二次方（ERR^2）与创新性投资比例（CXBL）的相关系数分别为0.041和0.034，分别在1%和5%水平上显著；高管薪酬激励（XCJL）与创新性投资比例（CXBL）的相关系数为0.025，在10%水平上显著；高管股权激励（GQJL）与创新性投资比例（CXBL）的相关系数为0.059，在1%水平上显著；主营业务收入增长率（YSZZ）与创新性投资比例（CXBL）的相关系数为0.201，在1%水平上显著；市场占有率（SCZY）与创新性投资比例（CXBL）的相关系数为0.004，不显著；市场地位（SCDW）与创新性投资比例（CXBL）的相关系数为-0.031，在5%水平上显著。

③股权集中度（ECR）、股权集中度的二次方（ECR^2）与生产性投资比例（SCBL）的相关系数分别为0.062和0.067，都在1%水平上显著；股权制衡度（ERR）、股权制衡度的二次方（ERR^2）与生产性投资比例（SCBL）的相关系数分别为0.053和0.050，均在1%水平上显著；高管薪酬激励（XCJL）与生产性投资比例（SCBL）的相关系数为0.067，在1%水平上显著；高管股权激励（GQJL）与生产性投资比例（SCBL）的相关系数为0.027，在10%水平上显著；主营业务收入增长率（YSZZ）与生产性投资比例（SCBL）的相关系数为0.254，在1%水平上显著；市场占有率（SCZY）

与生产性投资比例（SCBL）的相关系数为0.091，在1%水平上显著；市场地位（SCDW）与生产性投资比例（SCBL）的相关系数为-0.068，在1%水平上显著。

④股权集中度（ECR）、股权集中度的二次方（ECR^2）与权益性投资比例（QYBL）的相关系数分别为0.000和0.006，均不显著；股权制衡度（ERR）、股权制衡度的二次方（ERR^2）与权益性投资比例（QYBL）的相关系数分别为0.029和0.028，均在5%水平上显著；高管薪酬激励（XCJL）与权益性投资比例（QYBL）的相关系数为0.034，在5%水平上显著；高管股权激励（GQJL）与权益性投资比例（QYBL）的相关系数为0.057，在1%水平上显著；主营业务收入增长率（YSZZ）与权益性投资比例（QYBL）的相关系数为0.043，在1%水平上显著；市场占有率（SCZY）与权益性投资比例（QYBL）的相关系数为0.033，在5%水平上显著；市场地位（SCDW）与权益性投资比例（QYBL）的相关系数为-0.093，在1%水平上显著。

⑤股权集中度（ECR）、股权集中度的二次方（ECR^2）与创新性投资周转率（CXZZ）的相关系数分别为0.147和0.150，均在1%水平上显著；股权制衡度（ERR）、股权制衡度的二次方（ERR^2）与创新性投资周转率（CXZZ）的相关系数分别为-0.084和-0.066，均在1%水平上显著；高管薪酬激励（XCJL）与创新性投资周转率（CXZZ）的相关系数为0.065，在1%水平上显著；高管股权激励（GQJL）与创新性投资周转率（CXZZ）的相关系数为-0.071，在1%水平上显著；主营业务收入增长率（YSZZ）与创新性投资周转率（CXZZ）的相关系数为0.033，在5%水平上显著；市场占有率（SCZY）与创新性投资周转率（CXZZ）的相关系数为0.293，在1%水平上显著；市场地位（SCDW）与创新性投资周转率（CXZZ）的相关系数为0.210，在1%水平上显著。

⑥股权集中度（ECR）、股权集中度的二次方（ECR^2）与生产性投资周转率（SCZZ）的相关系数分别为0.054和0.038，均在1%水平上显著；股权制衡度（ERR）、股权制衡度的二次方（ERR^2）与生产性投资周转率（SCZZ）的相关系数分别为-0.042和-0.052，均在1%水平上显著；高管薪酬激励（XCJL）与生产性投资周转率（SCZZ）的相关系数为0.145，在1%水平上显

著；高管股权激励（GQJL）与生产性投资周转率（SCZZ）的相关系数为-0.021，不显著；主营业务收入增长率（YSZZ）与生产性投资周转率（SCZZ）的相关系数为0.116，在1%水平上显著；市场占有率（SCZY）与生产性投资周转率（SCZZ）的相关系数为0.277，在1%水平上显著；市场地位（SCDW）与生产性投资周转率（SCZZ）的相关系数为0.464，在1%水平上显著。

⑦股权集中度（ECR）、股权集中度的二次方（ECR^2）与权益性投资周转率（QYZZ）的相关系数分别为0.067和0.055，均在1%水平上显著；股权制衡度（ERR）、股权制衡度的二次方（ERR^2）与权益性投资周转率（QYZZ）的相关系数分别为-0.007和-0.016，均不显著；高管薪酬激励（XCJL）与权益性投资周转率（QYZZ）的相关系数为-0.067，在1%水平上显著；高管股权激励（GQJL）与权益性投资周转率（QYZZ）的相关系数为-0.042，在1%水平上显著；主营业务收入增长率（YSZZ）与权益性投资周转率（QYZZ）相关系数为0.061，在1%水平上显著；市场占有率（SCZY）与权益性投资周转率（QYZZ）的相关系数为0.056，在1%水平上显著；市场地位（SCDW）与权益性投资周转率（QYZZ）的相关系数为0.219，在1%水平上显著。

4.3.4　公司治理结构对长期投资政策影响的回归分析

公司治理结构对长期投资政策影响的回归分析结果，见表4-9。

从表4-9中长期投资规模的回归分析结果，可以发现如下信息。

①非流动资产增长率（NLA）与股权集中度（ECR）的回归系数为0.0136，不显著；与股权集中度的平方（ECR^2）的回归系数为0.1529，不显著。这说明股权集中度（ECR）对非流动资产增长率（NLA）没有显著的影响。

②非流动资产增长率（NLA）与股权制衡度（ERR）的回归系数为0.1378，且在1%水平上显著；与股权制衡度平方（ERR^2）的回归系数为-0.0728，且在5%水平上显著。这说明股权制衡度（ERR）与非流动资产增长率（NLA）呈显著的倒U型关系。

表 4－9　公司治理结构对长期投资政策影响的回归分析表

项目		长期投资规模	长期投资结构			长期投资周转率		
		NLA	CXBL	SCBL	QYBL	CXZZ	SCZZ	QYZZ
常数项	系数	7.9362***	1.1258***	1.3862**	−0.3308	−1.7919	−3.2886***	11.5316
	显著性	0.0021	0.0000	0.0173	0.3484	0.8018	0.0000	0.2268
ECR	系数	0.0136	0.0010	0.0164	−0.0170	0.0117	0.1056***	2.1444***
	显著性	0.9192	0.8982	0.5857	0.3513	0.9749	0.0000	0.0000
ECR^2	系数	0.1529	0.0090	0.0085	0.0294	0.5567	−0.1358***	−2.1500***
	显著性	0.3827	0.3599	0.8300	0.2188	0.2501	0.0000	0.0009
ERR	系数	0.1378***	0.0077***	0.0304***	0.0056	−0.3545***	−0.0111**	0.3326***
	显著性	0.0001	0.0001	0.0001	0.2360	0.0002	0.0278	0.0088
ERR^2	系数	−0.0728**	−0.0045***	−0.0147**	−0.0032	0.2778***	0.0085**	−0.1615
	显著性	0.0117	0.0055	0.0243	0.4207	0.0005	0.0453	0.1295
XCJL	系数	0.0016	0.0015**	−0.0033	0.0003	0.0434	0.0175***	−0.2195***
	显著性	0.8987	0.0299	0.2262	0.8679	0.2009	0.0000	0.0000
GQJL	系数	0.0918***	0.0042***	0.0105**	0.0078***	−0.0999*	−0.0028	−0.0833
	显著性	0.0000	0.0002	0.0190	0.0039	0.0698	0.3388	0.2577
YSZZ	系数	0.2762***	0.0092***	0.0536***	0.0058***	0.0013	0.0155***	0.1132**
	显著性	0.0000	0.0000	0.0000	0.0014	0.9707	0.0000	0.0208

续表

项目		长期投资规模	长期投资结构			长期投资周转率		
		NLA	CXBL	SCBL	QYBL	CXZZ	SCZZ	QYZZ
SCZY	系数	−6.1749***	−0.2419***	−2.1247***	0.0400	74.0994***	5.0868***	26.0030***
	显著性	0.0000	0.0014	0.0000	0.8267	0.0000	0.0000	0.0000
SCDW	系数	−0.0046	−0.0052***	−0.0374***	−0.0228***	0.8839***	0.1279***	1.2678***
	显著性	0.8661	0.0006	0.0000	0.0000	0.0000	0.0000	0.0000
SIZE	系数	0.0456***	0.0012***	0.0156***	0.0013**	−0.1581***	−0.0138***	−0.0224
	显著性	0.0000	0.0000	0.0000	0.0246	0.0000	0.0000	0.1384
GSXZ		控制						
YEAR		控制						
INDY		控制						
有效观测值		5,107	5,107	5,107	5,107	5,107	5,107	5,107
R^2		0.132	0.070	0.143	0.021	0.161	0.341	0.080
调整的 R^2		0.130	0.0674	0.141	0.0183	0.158	0.340	0.0776
F值		59.46	29.40	65.27	8.312	74.97	202.9	34.02
F值的显著性		0.0000	0.0000	0.0000	0.0000	0.0000	0.0000	0.0000

注：* 表示在10%置信水平下显著（双尾检验）；** 表示在5%置信水平下显著（双尾检验）；*** 表示在1%置信水平下显著（双尾检验）。

③非流动资产增长率（NLA）与高管薪酬激励（XCJL）的回归系数为0.0016，不显著，说明高管薪酬激励（XCJL）对非流动资产增长率（NLA）没有显著的影响。

④非流动资产增长率（NLA）与高管股权激励（GQJL）的回归系数为0.0918，且在1%水平上显著，说明高管股权激励（GQJL）对非流动资产增长率（NLA）有显著的正面影响。

⑤非流动资产增长率（NLA）与主营业务收入增长率（YSZZ）的回归系数为0.2762，且在1%水平上显著，说明主营业务收入增长率（YSZZ）对非流动资产增长率（NLA）有显著的正面影响。

⑥非流动资产增长率（NLA）与市场占有率（SCZY）的回归系数为-6.1749，且在1%水平上显著，说明市场占有率（SCZY）对非流动资产增长率（NLA）有显著的负面影响。

⑦非流动资产增长率（NLA）与市场地位（SCDW）的回归系数为-0.0046，不显著，说明市场地位（SCDW）对非流动资产增长率（NLA）没有显著的影响。

从表4-9中长期投资结构的回归分析结果，可以发现如下信息。

①创新性投资比例（CXBL）与股权集中度（ECR）的回归系数为0.0010，不显著；与股权集中度的平方（ECR^2）的回归系数为0.0090，不显著。这说明股权集中度（ECR）对创新性投资比例（CXBL）没有显著的影响。

②创新性投资比例（CXBL）与股权制衡度（ERR）的回归系数为0.0077，且在1%水平上显著；与股权制衡度平方（ERR^2）的回归系数为-0.0045，且在1%水平上显著。这说明股权制衡度（ERR）与创新性投资比例（CXBL）呈显著的倒U型关系。

③创新性投资比例（CXBL）与高管薪酬激励（XCJL）的回归系数为0.0015，且在5%水平上显著，说明高管薪酬激励（XCJL）对创新性投资比例（CXBL）有显著的正面影响。

④创新性投资比例（CXBL）与高管股权激励（GQJL）的回归系数为0.0042，且在1%水平上显著，说明高管股权激励（GQJL）对创新性投资比

例（CXBL）有显著的正面影响。

⑤创新性投资比例（CXBL）与主营业务收入增长率（YSZZ）的回归系数为0.0092，且在1%水平上显著，说明主营业务收入增长率（YSZZ）对创新性投资比例（CXBL）有显著的正面影响。

⑥创新性投资比例（CXBL）与市场占有率（SCZY）的回归系数为-0.2419，且在1%水平上显著，说明市场占有率（SCZY）对创新性投资比例（CXBL）有显著的负面影响。

⑦创新性投资比例（CXBL）与市场地位（SCDW）的回归系数为-0.0052，且在1%水平上显著，说明市场地位（SCDW）对创新性投资比例（CXBL）有显著的负面影响。

从表4-9中长期投资结构的回归分析结果，还可以发现如下信息。

①生产性投资比例（SCBL）与股权集中度（ECR）的回归系数为0.0164，不显著；与股权集中度的平方（ECR^2）的回归系数为0.0085，不显著。这说明股权集中度（ECR）对生产性投资比例（SCBL）没有显著的影响。

②生产性投资比例（SCBL）与股权制衡度（ERR）的回归系数为0.0304，且在1%水平上显著；与股权制衡度平方（ERR^2）的回归系数为-0.0147，且在5%水平上显著。这说明股权制衡度（ERR）与生产性投资比例（SCBL）呈显著的倒U型关系。

③生产性投资比例（SCBL）与高管薪酬激励（XCJL）的回归系数为-0.0033，且不显著，说明高管薪酬激励（XCJL）对生产性投资比例（SCBL）没有显著的影响。

④生产性投资比例（SCBL）与高管股权激励（GQJL）的回归系数为0.0105，且在5%水平上显著，说明高管股权激励（GQJL）对生产性投资比例（SCBL）有显著的正面影响。

⑤生产性投资比例（SCBL）与主营业务收入增长率（YSZZ）的回归系数为0.0536，且在1%水平上显著，说明主营业务收入增长率（YSZZ）对生产性投资比例（SCBL）有显著的正面影响。

⑥生产性投资比例（SCBL）与市场占有率（SCZY）的回归系数为

-2.1247，且在1%水平上显著，说明市场占有率（SCZY）对生产性投资比例（SCBL）有显著的负面影响。

⑦生产性投资比例（SCBL）与市场地位（SCDW）的回归系数为-0.0374，且在1%水平上显著，说明市场地位（SCDW）对生产性投资比例（SCBL）有显著负面影响。

从表4-9中长期投资结构的回归分析结果，还可以发现如下信息。

①权益性投资比例（QYBL）与股权集中度（ECR）的回归系数为-0.0170，不显著；与股权集中度的平方（ECR^2）的回归系数为0.0294，不显著。这说明股权集中度（ECR）对权益性投资比例（QYBL）没有显著的影响。

②权益性投资比例（QYBL）与股权制衡度（ERR）的回归系数为0.0056，且不显著；与股权制衡度平方（ERR^2）的回归系数为-0.0032，且不显著。这说明股权制衡度（ERR）对权益性投资比例（QYBL）没有显著的影响。

③权益性投资比例（QYBL）与高管薪酬激励（XCJL）的回归系数为0.0003，且不显著，说明高管薪酬激励（XCJL）对权益性投资比例（QYBL）没有显著的影响。

④权益性投资比例（QYBL）与高管股权激励（GQJL）的回归系数为0.0078，且在1%水平上显著，说明高管股权激励（GQJL）对权益性投资比例（QYBL）有显著的正面影响。

⑤权益性投资比例（QYBL）与主营业务收入增长率（YSZZ）的回归系数为0.0058，且在1%水平上显著，说明主营业务收入增长率（YSZZ）对权益性投资比例（QYBL）有显著的正面影响。

⑥权益性投资比例（QYBL）与市场占有率（SCZY）的回归系数为0.0400，且不显著，说明市场占有率（SCZY）对权益性投资比例（QYBL）没有显著的影响。

⑦权益性投资比例（QYBL）与市场地位（SCDW）的回归系数为-0.0228，且在1%水平上显著，说明市场地位（SCDW）对权益性投资比例（QYBL）有显著的负面影响。

从表4-9中长期投资周转率的回归分析结果，可以发现如下信息。

①创新性投资周转率（CXZZ）与股权集中度（ECR）的回归系数为0.0117，不显著；与股权集中度平方（ECR^2）的回归系数为0.5567，不显著。这说明股权集中度（ECR）对创新性投资周转率（CXZZ）没有显著的影响。

②创新性投资周转率（CXZZ）与股权制衡度（ERR）的回归系数为-0.3545，且在1%水平上显著；与股权制衡度平方（ERR^2）的回归系数为0.2778，且在1%水平上显著。这说明股权制衡度（ERR）与创新性投资周转率（CXZZ）呈显著的U型关系。

③创新性投资周转率（CXZZ）与高管薪酬激励（XCJL）的回归系数为0.0434，不显著，说明高管薪酬激励（XCJL）对创新性投资周转率（CXZZ）没有显著的影响。

④创新性投资周转率（CXZZ）与高管股权激励（GQJL）的回归系数为-0.0999，且在10%水平上显著，说明高管股权激励（GQJL）对创新性投资周转率（CXZZ）有显著的负面影响。

⑤创新性投资周转率（CXZZ）与主营业务收入增长率（YSZZ）的回归系数为0.0013，不显著，说明主营业务收入增长率（YSZZ）对创新性投资周转率（CXZZ）没有显著的影响。

⑥创新性投资周转率（CXZZ）与市场占有率（SCZY）的回归系数为74.0994，且在1%水平上显著，说明市场占有率（SCZY）对创新性投资周转率（CXZZ）有显著的正面影响。

⑦创新性投资周转率（CXZZ）与市场地位（SCDW）的回归系数为0.8839，且在1%水平上显著，说明市场地位（SCDW）对创新性投资周转率（CXZZ）有显著的正面影响。

从表4-9中长期投资周转率的回归分析结果，还可以发现如下信息。

①生产性投资周转率（SCZZ）与股权集中度（ECR）的回归系数为0.1056，且在1%水平上显著；与股权集中度的平方（ECR^2）的回归系数为-0.1358，且在1%水平上显著。这说明股权集中度（ECR）与生产性投资周转率（SCZZ）呈显著的倒U型关系。

②生产性投资周转率（SCZZ）与股权制衡度（ERR）的回归系数为-0.0111，且在5%水平上显著；与股权制衡度平方（ERR^2）的回归系数为0.0085，且在5%水平上显著。这说明股权制衡度（ERR）与生产性投资周转率（SCZZ）呈显著的U型关系。

③生产性投资周转率（SCZZ）与高管薪酬激励（XCJL）的回归系数为0.0175，且在1%水平上显著，说明高管薪酬激励（XCJL）对生产性投资周转率（SCZZ）有显著的正面影响。

④生产性投资周转率（SCZZ）与高管股权激励（GQJL）的回归系数为-0.0028，且不显著，说明高管股权激励（GQJL）对生产性投资周转率（SCZZ）没有显著的影响。

⑤生产性投资周转率（SCZZ）与主营业务收入增长率（YSZZ）的回归系数为0.0155，且在1%水平上显著，说明主营业务收入增长率（YSZZ）对生产性投资周转率（SCZZ）有显著的正面影响。

⑥生产性投资周转率（SCZZ）与市场占有率（SCZY）的回归系数为5.0868，且在1%水平上显著，说明市场占有率（SCZY）对生产性投资周转率（SCZZ）有显著的正面影响。

⑦生产性投资周转率（SCZZ）与市场地位（SCDW）的回归系数为0.1279，且在1%水平上显著，说明市场地位（SCDW）对生产性投资周转率（SCZZ）有显著的正面影响。

从表4-9中长期投资周转率的回归分析结果，还可以发现如下信息。

①权益性投资周转率（QYZZ）与股权集中度（ECR）的回归系数为2.1444，且在1%水平上显著；与股权集中度的平方（ECR^2）的回归系数为-2.1500，且在1%水平上显著。这说明股权集中度的（ECR）与权益性投资周转率（QYZZ）呈显著的倒U型关系。

②权益性投资周转率（QYZZ）与股权制衡度（ERR）的回归系数为0.3326，且在1%水平上显著；与股权制衡度的平方（ERR^2）的回归系数为-0.1615，不显著。这说明股权制衡度（ERR）对权益性投资周转率（QYZZ）有显著的正面影响。

③权益性投资周转率（QYZZ）与高管薪酬激励（XCJL）的回归系数为

-0.2195，且在1%水平上显著，说明高管薪酬激励（XCJL）对权益性投资周转率（QYZZ）有显著的负面影响。

④权益性投资周转率（QYZZ）与高管股权激励（GQJL）的回归系数为-0.0833，不显著，说明高管股权激励（GQJL）对权益性投资周转率（QYZZ）没有显著的影响。

⑤权益性投资周转率（QYZZ）与主营业务收入增长率（YSZZ）的回归系数为0.1132，且在5%水平上显著，说明主营业务收入增长率（YSZZ）对权益性投资周转率（QYZZ）有显著的正面影响。

⑥权益性投资周转率（QYZZ）与市场占有率（SCZY）的回归系数为26.0030，且在1%水平上显著，说明市场占有率（SCZY）对权益性投资周转率（QYZZ）有显著的正面影响。

⑦权益性投资周转率（QYZZ）与市场地位（SCDW）的回归系数为1.2678，且在1%水平上显著，说明市场地位（SCDW）对权益性投资周转率（QYZZ）有显著的正面影响。

4.4 本章研究结论

本章以2007—2015年制造业，批发和零售业，以及电力、热力、燃气及水生产和供应业上市公司（分别代表竞争性、垄断竞争性和垄断性行业）为研究样本，对长期投资政策如何影响公司绩效，以及公司治理结构如何影响长期投资政策进行实证检验。

通过对长期投资政策如何影响公司绩效实证检验发现：①非流动资产增长率（NLA）对总资产净利率（ROA）有一定的负面影响；②创新性投资比例（CXBL）对总资产净利率（ROA）有显著的正面影响；③生产性投资比例（SCBL）对总资产净利率（ROA）有显著的正面影响；④权益性投资比例（QYBL）对总资产净利率（ROA）有显著的正面影响；⑤创新性投资周转率（CXZZ）对总资产净利率（ROA）没有显著的影响；⑥生产性投资周转率（SCZZ）对总资产净利率（ROA）有显著的正面影响；⑦权益性投资周转率（QYZZ）对总资产净利率（ROA）有比较显著的正面影响。

通过对公司治理结构如何影响长期投资政策实证检验发现以下内容。

股权集中度（ECR）对非流动资产增长率（NLA）没有显著的影响；股权制衡度（ERR）与非流动资产增长率（NLA）呈显著的倒U型关系；高管薪酬激励（XCJL）对非流动资产增长率（NLA）没有显著的影响；高管股权激励（GQJL）对非流动资产增长率（NLA）有显著的正面影响；主营业务收入增长率（YSZZ）对非流动资产增长率（NLA）有显著的正面影响；市场占有率（SCZY）对非流动资产增长率（NLA）有显著的负面影响；市场地位（SCDW）对非流动资产增长率（NLA）没有显著的影响。

股权集中度（ECR）对创新性投资比例（CXBL）没有显著的影响；股权制衡度（ERR）与创新性投资比例（CXBL）呈显著的倒U型关系；高管薪酬激励（XCJL）对创新性投资比例（CXBL）有显著的正面影响；高管股权激励（GQJL）对创新性投资比例（CXBL）有显著的正面影响；主营业务收入增长率（YSZZ）对创新性投资比例（CXBL）有显著的正面影响；市场占有率（SCZY）对创新性投资比例（CXBL）有显著的负面影响；市场地位（SCDW）对创新性投资比例（CXBL）有显著的负面影响。

股权集中度（ECR）对生产性投资比例（SCBL）没有显著的影响；股权制衡度（ERR）与生产性投资比例（SCBL）呈显著的倒U型关系；高管薪酬激励（XCJL）对生产性投资比例（SCBL）没有显著的影响；高管股权激励（GQJL）对生产性投资比例（SCBL）有显著的正面影响；主营业务收入增长率（YSZZ）对生产性投资比例（SCBL）有显著的正面影响；市场占有率（SCZY）对生产性投资比例（SCBL）有显著的负面影响；市场地位（SCDW）对生产性投资比例（SCBL）有显著负面影响。

股权集中度（ECR）对权益性投资比例（QYBL）没有显著的影响；股权制衡度（ERR）对权益性投资比例（QYBL）没有显著的影响；高管薪酬激励（XCJL）对权益性投资比例（QYBL）没有显著的影响；高管股权激励（GQJL）对权益性投资比例（QYBL）有显著的正面影响；主营业务收入增长率（YSZZ）对权益性投资比例（QYBL）有显著的正面影响；市场占有率（SCZY）对权益性投资比例（QYBL）没有显著的影响；市场地位（SCDW）对权益性投资比例（QYBL）有显著的负面影响。

股权集中度（ECR）对创新性投资周转率（CXZZ）没有显著的影响；股权制衡度（ERR）与创新性投资周转率（CXZZ）呈显著的 U 型关系；高管薪酬激励（XCJL）对创新性投资周转率（CXZZ）没有显著的影响；高管股权激励（GQJL）对创新性投资周转率（CXZZ）有显著的负面影响；主营业务收入增长率（YSZZ）对创新性投资周转率（CXZZ）没有显著的影响；市场占有率（SCZY）对创新性投资周转率（CXZZ）有显著的正面影响；市场地位（SCDW）对创新性投资周转率（CXZZ）有显著的正面影响。

股权集中度（ECR）与生产性投资周转率（SCZZ）呈显著的倒 U 型关系；股权制衡度（ERR）与生产性投资周转率（SCZZ）呈显著的 U 型关系；高管薪酬激励（XCJL）对生产性投资周转率（SCZZ）有显著的正面影响；高管股权激励（GQJL）对生产性投资周转率（SCZZ）没有显著的影响；主营业务收入增长率（YSZZ）对生产性投资周转率（SCZZ）有显著的正面影响；市场占有率（SCZY）对生产性投资周转率（SCZZ）有显著的正面影响；市场地位（SCDW）对生产性投资周转率（SCZZ）有显著的正面影响。

股权集中度（ECR）与权益性投资周转率（QYZZ）呈显著的倒 U 型关系；股权制衡度（ERR）对权益性投资周转率（QYZZ）有显著的正面影响；高管薪酬激励（XCJL）对权益性投资周转率（QYZZ）有显著的负面影响；高管股权激励（GQJL）对权益性投资周转率（QYZZ）没有显著的影响；主营业务收入增长率（YSZZ）对权益性投资周转率（QYZZ）有显著的正面影响；市场占有率（SCZY）对权益性投资周转率（QYZZ）有显著的正面影响；市场地位（SCDW）对权益性投资周转率（QYZZ）有显著的正面影响。

第5章
治理结构、融资政策与公司绩效实证检验

CHAPTER 5

5.1　治理结构、融资政策与公司绩效研究设计

5.1.1　治理结构、融资政策与公司绩效的计量

一、治理结构的计量

公司治理结构可以分为经营者权力、经营者激励、股权结构三个方面。经营者权力用董事长是否兼任总经理（CUM）、出席股东大会股份比例（SMA）和董事长年龄（AC）计量，经营者激励用董事长货币薪酬激励强度（CMI）计量，股权结构用实际控制人性质（BCP）、股权的流通结构（CSE）、股权集中度（HER）和股权制衡度（EBDL）计量。

二、融资政策的计量

融资政策用总负债比例（TLR）、有息负债比例（IDR）和债务的分布结构计量。其中，债务的分布结构用银行信用比例（BCR）计量。总负债比例=期末负债总额/期末资产总额，有息负债比例=(期末短期借款+期末长期借款+期末应付债券+期末长期应付款+期末专项应付款)/期末资产总额，银行信用比例=(期末短期借款+期末长期借款)/期末负债总额。

三、公司绩效的计量

公司绩效分为财务绩效和市场绩效。财务绩效用净资产收益率（ROE）和总资产收益率（ROA）计量，市场绩效用市净率（PB）和托宾Q值（TQ）计量。

5.1.2 样本选择、数据来源与数据处理

以 2007—2015 年中国沪、深两市上市公司为研究对象，数据来源于国泰安数据库。初选样本同时满足以下条件：

①“行业分类标准”选择“2012”，即采用 2012 年证监会的行业分类标准；

②“股票市场分类”选择“全部 A 股”，即不包括创业板、中小企业板、深圳主板 A 股和全部 B 股；

③“ST& 非 ST”选择“非 ST”，即不包括 ST 公司；

④“证监会 2012 版行业分类”选择“制造业”“电力、热力、燃气及水生产和供应业”“批发和零售业”三个行业，分别代表竞争性、垄断性和垄断竞争性行业；

⑤“条件筛选”中“截止日期”选择“包含 12 - 31”；

⑥“条件筛选”中“报表类型编码”选择“等于 A”，即合并财务报表。

利用 STATA13.1 对初选样本数据进行如下处理。

①缺失值的处理。把含有缺失值的样本从初选样本中删除。

②极端值的处理。对各变量进行 1% 的缩尾处理，最终得到 2007—2015 年的共 7748 个样本数据。

5.2 融资政策与公司绩效统计分析

5.2.1 按总负债率分组统计

一、竞争性行业总负债率与公司绩效

竞争性行业总负债率与公司绩效的统计分析结果，见表 5 - 1。根据表 5 - 1 中的数据，可以绘制出图 5 - 1 和图 5 - 2。

从表 5 - 1 和图 5 - 1 中可以发现：在竞争性行业，2007—2015 年平均的净资产收益率（ROE）和总资产净利率（ROA）都呈下降趋势；净资产收益率（ROE）下降比较平缓，总资产净利率（ROA）下降幅度较大；总体上看，财务绩效随总负债率的提高而下降。

表 5－1　竞争性行业总负债率与公司绩效

指标		总负债率区间					平均
		0～20%	20%～40%	40%～60%	60%～80%	80%～100%	
2007—2015 年平均值	ROA	0.0742	0.0674	0.0580	0.0469	0.0295	0.0552
	ROE	0.0907	0.0930	0.0918	0.0882	0.0796	0.0887
	PB	4.5731	4.3210	4.2441	4.1479	4.1431	4.2858
	TQ	4.0406	3.4629	2.9850	2.5137	1.7003	2.9405

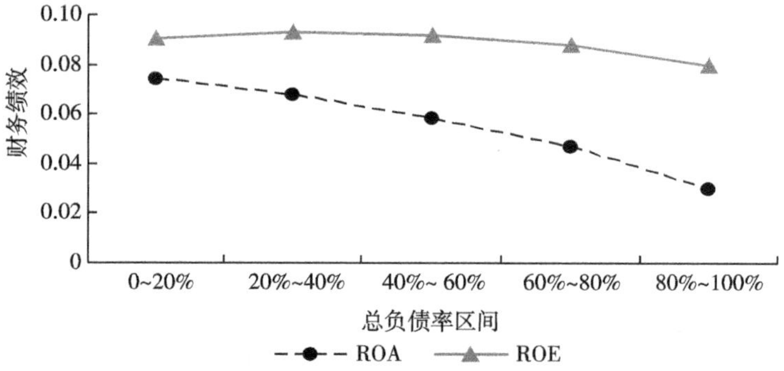

图 5－1　2007—2015 年竞争性行业总负债率与财务绩效指标变化趋势图

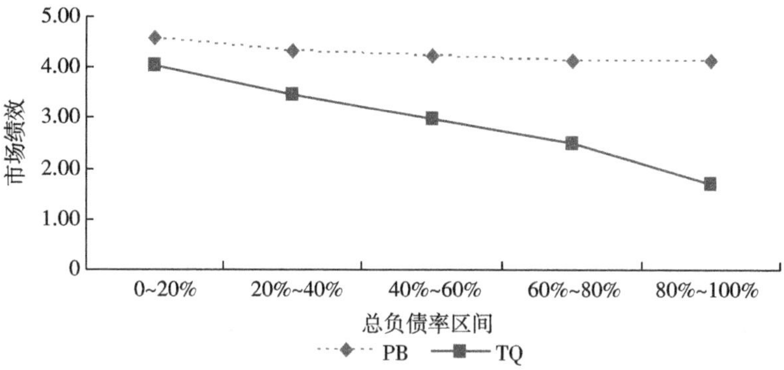

图 5－2　2007—2015 年竞争性行业总负债率与市场绩效指标变化趋势图

从表 5－1 和图 5－2 中可以发现：在竞争性行业，2007—2015 年平均的市净率（PB）和托宾 Q 值（TQ）都呈下降趋势；市净率（PB）下降比较平缓，托宾 Q 值下降幅度较大；总体上看，市场绩效随总负债率的提高而下降。

二、垄断竞争性行业总负债率与公司绩效

垄断竞争性行业总负债率与公司绩效的统计分析结果，见表 5－2。根据表 5－2 中的数据，可以绘制出图 5－3 和图 5－4。

表 5－2　垄断竞争性行业总负债率与公司绩效

指标		总负债率区间					平均
		0～20%	20%～40%	40%～60%	60%～80%	80%～100%	
2007—2015 年平均值	ROA	0.0636	0.0572	0.0491	0.0315	0.0245	0.0452
	ROE	0.0904	0.1066	0.1139	0.0931	0.1136	0.1035
	市净率	3.5007	3.5191	3.6145	3.4683	3.7850	3.5775
	托宾 Q 值	2.7525	2.1075	1.7305	1.2430	0.8637	1.7395

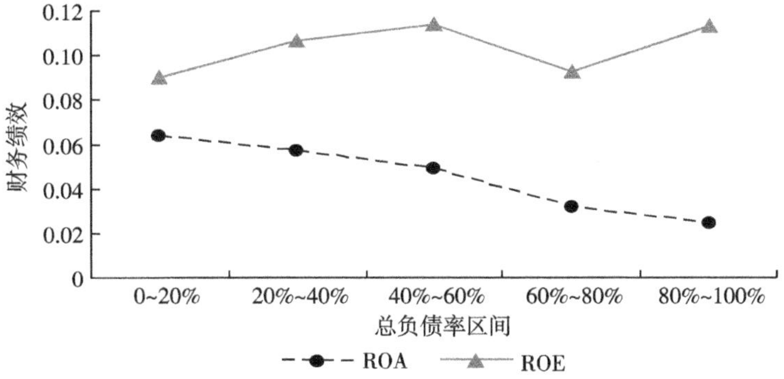

图 5－3　2007—2015 年垄断竞争性行业总负债率与财务绩效指标变化趋势图

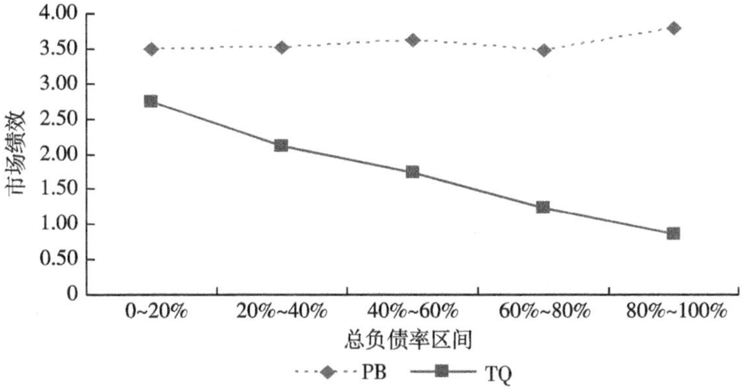

图 5－4　2007—2015 年垄断竞争性行业总负债率与市场绩效指标变化趋势图

从表5－2和图5－3中可以发现：在垄断竞争性行业，2007—2015年平均的净资产收益率（ROE）在0～80%区间先升后降，呈倒U型变化，在80%～100%区间呈上升趋势；总资产净利率（ROA）呈下降趋势，即随着总负债的增加而降低。

从表5－2和图5－4中可以发现：在垄断竞争性行业，2007—2015年平均的市净率（PB）小幅波动，但变化不大；托宾Q值（TQ）呈下降趋势，即随着总负债的增加而降低。

三、垄断性行业总负债率与公司绩效

垄断性行业总负债率与公司绩效的统计分析结果，见表5－3。根据表5－3中的数据，可以绘制出图5－5和图5－6。

表5－3　垄断性行业总负债率与公司绩效

指标		总负债率区间					平均
		0～20%	20%～40%	40%～60%	60%～80%	80%～100%	
2007—2015年平均值	ROA	0.0697	0.0580	0.0370	0.0303	0.0237	0.0437
	ROE	0.0958	0.1046	0.0820	0.0821	0.0860	0.0901
	市净率	3.2979	2.6888	3.0087	2.7995	2.8997	2.9389
	托宾Q值	2.5816	1.6705	1.5408	1.2039	0.8439	1.5682

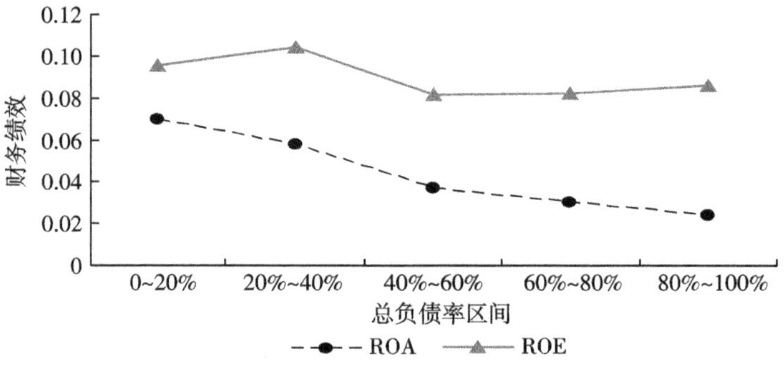

图5－5　2007—2015年垄断性行业总负债率与财务绩效指标变化趋势图

从表5－3和图5－5中可以发现：在垄断性行业，2007—2015年平均的净资产收益率（ROE）和总资产净利率（ROA）都呈下降趋势；净资产收益率（ROE）下降比较平缓，总资产净利率（ROA）下降幅度较大；总体上看，财务绩效随总负债率的提高而下降。

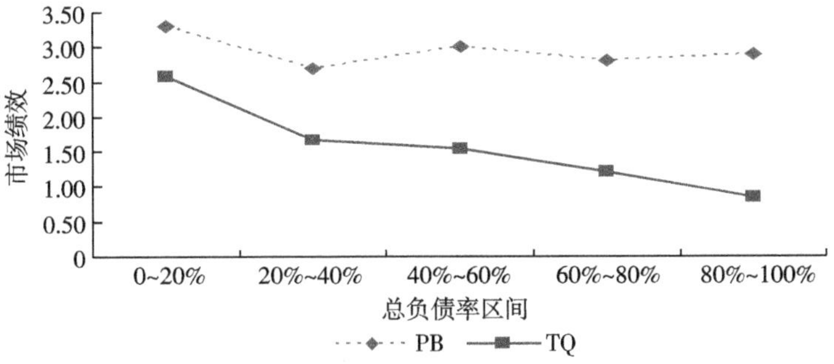

图 5-6　2007—2015 年垄断性行业总负债率与市场绩效指标变化趋势图

从表 5-3 和图 5-6 中可以发现：在垄断性行业中，2007—2015 年平均的市净率（PB）和托宾 Q 值（TQ）都呈下降趋势；市净率（PB）下降比较平缓，托宾 Q 值（TQ）下降幅度较大；总体上看，市场绩效随总负债率的提高而下降。

5.2.2　按有息负债率分组统计

一、竞争性行业有息负债率与公司绩效

竞争性行业有息负债率与公司绩效的统计分析结果，见表 5-4。根据表 5-4 中的数据，可以绘制出图 5-7 和图 5-8。

表 5-4　竞争性行业有息负债率与公司绩效

指标		有息负债率区间					平均
		0~20%	20%~40%	40%~60%	60%~80%	80%~100%	
2007—2015 年平均值	ROA	0.0791	0.0651	0.0549	0.0456	0.0313	0.0552
	ROE	0.1040	0.0965	0.0873	0.0833	0.0724	0.0887
	市净率	4.8496	4.3836	4.2295	4.1110	3.8566	4.2861
	托宾 Q 值	4.0209	3.3778	2.9711	2.4899	1.8424	2.9404

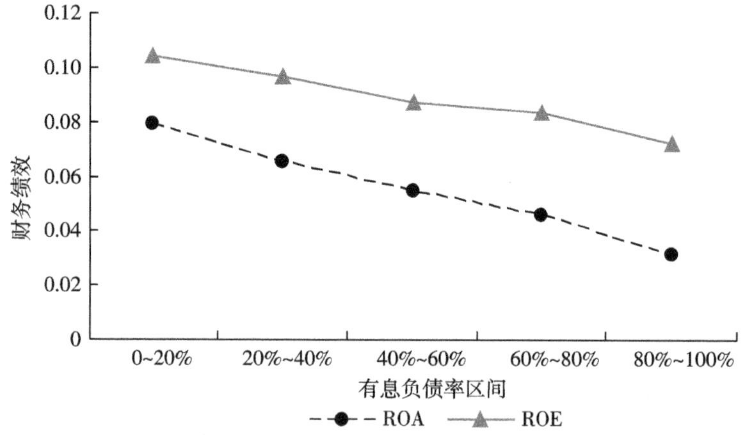

图 5－7　2007—2015 年竞争性行业有息负债率与财务绩效指标变化趋势图

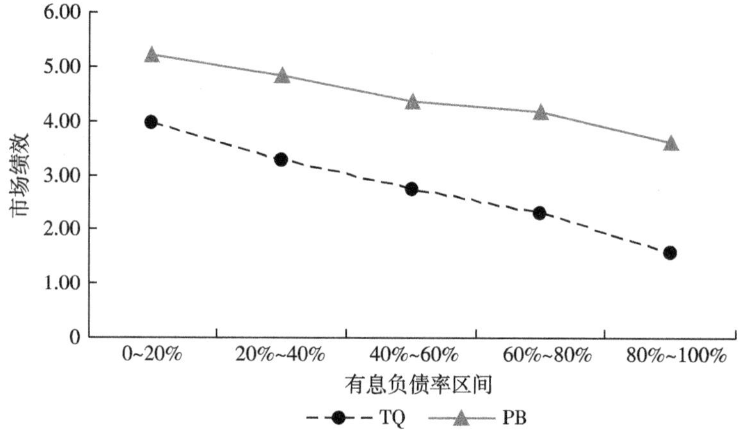

图 5－8　2007—2015 年竞争性行业有息负债率与市场绩效指标变化趋势图

从表 5－4 和图 5－7 中可以发现：在竞争性行业中，2007—2015 年平均的净资产收益率（ROE）和总资产净利率（ROA）都呈下降趋势，即随着有息负债的增加，净资产收益率（ROE）和总资产净利率（ROA）都下降。

从表 5－4 和图 5－8 中可以发现：在竞争性行业中，2007—2015 年平均的市净率（PB）和托宾 Q 值（TQ）都呈下降趋势，即随着有息负债的增加，市净率（PB）和托宾 Q 值（TQ）都下降。

二、垄断竞争性行业有息负债率与公司绩效

垄断竞争性行业有息负债率与公司绩效的统计分析结果，见表 5－5。根

据表 5 -5 中的数据，可以绘制出图 5 -9 和图 5 -10。

表 5 -5　垄断竞争性行业有息负债率与公司绩效

指标		有息负债率区间					平均
		0 ~20%	20% ~40%	40% ~60%	60% ~80%	80% ~100%	
2007—2015 年平均值	ROA	0.0612	0.0593	0.0407	0.0358	0.0286	0.0451
	ROE	0.1146	0.1135	0.0985	0.0972	0.0949	0.1037
	市净率	4.2766	3.6591	3.1718	3.1791	3.6238	3.5821
	托宾 Q 值	2.5947	2.0972	1.3735	1.3953	1.2146	1.7351

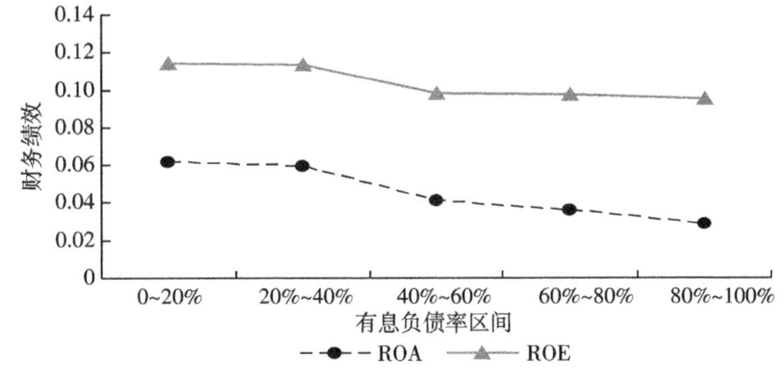

图 5 -9　2007—2015 年垄断竞争性行业有息负债率与财务绩效指标变化趋势图

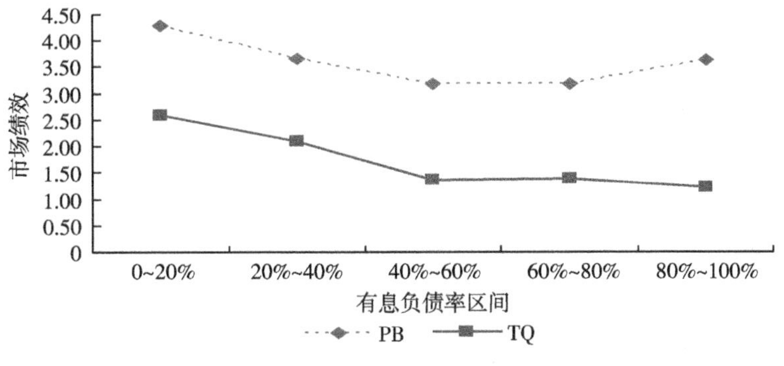

图 5 -10　2007—2015 年垄断竞争性行业有息负债率与市场绩效指标变化趋势图

从表 5 -5 和图 5 -9 中可以发现：在垄断竞争性行业，2007—2015 年平均的净资产收益率（ROE）和总资产净利率（ROA）都呈下降趋势，即随着有息负债的增加，净资产收益率（ROE）和总资产净利率（ROA）都下降。

从表5－5和图5－10中可以发现：在垄断竞争性行业，2007—2015年平均的市净率（PB）先降后升，托宾Q值（TQ）总体上呈下降趋势。

5.2.3　垄断性行业有息负债率与公司绩效

垄断性行业有息负债率与公司绩效的统计分析结果，见表5－6。根据表5－6中的数据，可以绘制出图5－11和图5－12。

表5－6　垄断性行业有息负债率与公司绩效

指标		有息负债率区间					平均
		0～20%	20%～40%	40%～60%	60%～80%	80%～100%	
2007—2015年平均值	ROA	0.0672	0.0527	0.0380	0.0292	0.0311	0.0436
	ROE	0.1009	0.0940	0.0794	0.0762	0.0996	0.0900
	市净率	3.7922	2.6638	2.8341	2.9332	2.5319	2.9510
	托宾Q值	2.6162	1.7190	1.4841	1.2021	0.8233	1.5690

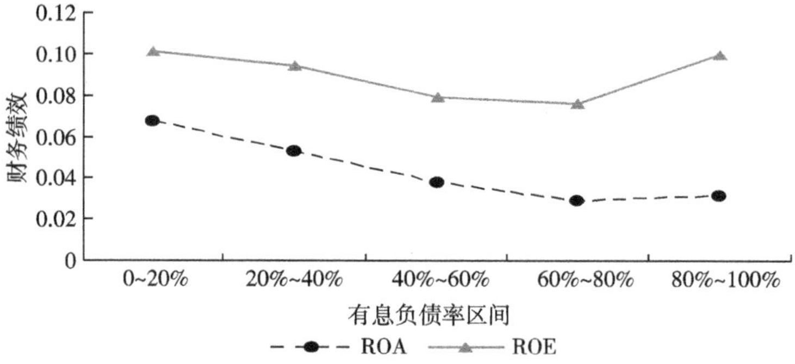

图5－11　2007—2015年垄断性行业有息负债率与财务绩效指标变化趋势图

从表5－6和图5－11中可以发现：在垄断性行业，2007—2015年平均的净资产收益率（ROE）在0～80%区间内呈下降趋势，在80%～100%区间内有所上升；总资产净利率（ROA）总体上呈下降趋势。

从表5－6和图5－12中可以发现：在垄断性行业中，2007—2015年平均的市净率（PB）和托宾Q值（TQ）总体上都呈下降趋势。

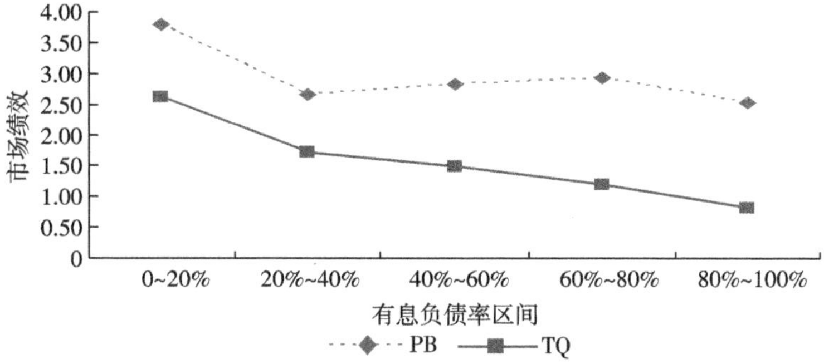

图 5－12　2007—2015 年垄断性行业有息负债率与市场绩效指标变化趋势图

5.3　融资政策对公司绩效的影响

5.3.1　融资政策对公司绩效影响的回归模型

为了检验融资政策对公司绩效的影响，我们建立财务绩效模型（模型 5－1）和市场绩效模型（模型 5－2）。模型 5－1 和模型 5－2 中变量的名称、代码与定义见表 5－7。

$$ROA_{i,t} = \beta_0 + \beta_1 TLR_{i,t} + \beta_2 IDR_{i,t} + \beta_3 BCR_{i,t} + \beta_4 TA_{i,t} + \beta_5 AS_{i,t} + \beta_6 IGR_{i,t} + \sum_{i=7}^{15} \beta_i YEAR + \sum_{i=16}^{18} \beta_i IND + \mu_{i,t} \quad \text{（模型 5－1）}$$

$$TQ_{i,t} = \gamma_0 + \gamma_1 TLR_{i,t} + \gamma_2 IDR_{i,t} + \gamma_3 BCR_{i,t} + \gamma_4 TA_{i,t} + \gamma_5 AS_{i,t} + \gamma_6 IGR_{i,t} + \sum_{i=7}^{15} \gamma_i YEAR + \sum_{i=16}^{18} \gamma_i IND + \eta_{i,t} \quad \text{（模型 5－2）}$$

表 5－7　模型 5－1 和模型 5－2 中变量的名称、代码与定义表

变量类型	变量名称		变量代码	变量定义
被解释变量	财务绩效	总资产净利率	$ROA_{i,t}$	总资产净利率
		净资产收益率	$ROE_{i,t}$	净资产收益率
	市场绩效	托宾 Q 值	$TQ_{i,t}$	托宾 Q 值
		市净率	$PB_{i,t}$	市净率

续表

变量类型	变量名称		变量代码	变量定义
解释变量	总负债比例	总负债率	$TLR_{i,t}$	期末负债总额/期末资产总额
	有息负债比例	有息负债率	$IDR_{i,t}$	(期末短期借款 + 期末长期借款 + 期末应付债券 + 期末长期应付款 + 期末专项应付款)/期末资产总额
	银行信用比例	银行信用比例	$BCR_{i,t}$	(期末短期借款 + 期末长期借款)/期末负债总额
控制变量	公司规模	期末公司总资产	$TA_{i,t}$	期末公司总资产对数值
	资产结构	资产结构	$AS_{i,t}$	期末非流动资产/期末资产总额
	成长性	营业收入增长率	$IGR_{i,t}$	营业收入增长率
	年份	年份	YEAR	虚拟变量
	行业	行业	IND	虚拟变量

5.3.2 融资政策对公司绩效影响的描述性统计分析

融资政策对公司绩效影响的描述性统计结果，见表5-8。

表5-8 融资政策对公司绩效影响的描述性统计分析表

变量	有效观测值	平均值	标准差	最小值	最大值
ROA	7748	0.0539	0.0449	0.0013	0.2233
ROE	7748	0.0899	0.0712	0.0025	0.4176
TQ	7748	2.7894	2.3761	0.1439	12.9823
PB	7748	4.1781	2.9863	0.7906	17.0861
TLR	7748	0.3931	0.2070	0.0359	0.9025
IDR	7748	0.1605	0.1480	0.0000	0.7041
BCR	7748	0.3123	0.2447	0.0000	0.8680
TA	7748	21.6153	1.0102	19.7392	25.7957
AS	7748	0.4325	0.1794	0.0397	0.9576
IGR	7748	0.1807	0.3480	-0.4935	4.3699

从表5－8中可以发现如下信息。

①样本公司的ROA（总资产净利率）平均值为0.0539，最大值为0.2233，最小值为0.0013，标准差为0.0449；ROE（净资产收益率）平均值为0.0899，最大值为0.4176 ，最小值为0.0025，标准差为0.0712。样本公司的财务绩效指标的标准差小于平均值，说明样本间的差距较小。

②样本公司的TQ（托宾Q值）平均值为2.7894，最大值为12.9823，最小值为0.1439，标准差为2.3761；PB（市净率）平均值为4.1781，最大值为17.0861，最小值为0.7906，标准差为2.9863。样本公司的财务绩效指标的标准差小于平均值，说明样本间的差距较小。

③样本公司的TLR（总负债比例）平均值为0.3931，最大值为0.9025，最小值为0.0359，标准差为0.2070；IDR（有息负债比例）平均值为0.1605，最大值为0.7041，最小值为0.0000，标准差为0.1480；BCR（银行信用比例）平均值为0.3123，最大值为0.8680，最小值为0.0000，标准差为0.2447。样本公司融资政策结构的标准差均小于其平均值，说明样本间的差别较小。

5.3.3　融资政策对公司绩效影响的相关分析

融资政策对公司绩效影响的相关分析结果，见表5－9。

从表5－9中可以发现如下信息。

①总负债比例（TLR）与净资产收益率（ROE）的相关系数为0.010，但不显著；总负债比例（TLR）与总资产净利率（ROA）、托宾Q值（TQ）及市净率（PB）均显著负相关，相关系数分别为－0.339、－0.388和－0.055，在1%水平上显著。

②有息负债比例（IDR）与总资产净利率（ROA）、净资产收益率（ROE）、托宾Q值（TQ）和市净率（PB）均显著负相关，相关系数分别为－0.350、－0.117、－0.350和－0.126，在1%水平上显著。

③银行信用比例（BCR）与总资产净利率（ROA）、净资产收益率（ROE）、托宾Q值（TQ）和市净率（PB）均显著负相关，相关系数分别为－0.274、－0.142、－0.230和－0.105，在1%水平上显著。

表 5-9　融资政策对公司绩效影响的相关分析表

变量		ROA	ROE	TQ	PB	TLR	IDR	BCR	TA	AS	IGR
ROA	相关性	1									
	显著性										
ROE	相关性	0.870***	1								
	显著性	0.000									
TQ	相关性	0.395***	0.228***	1							
	显著性	0.000	0.000								
PB	相关性	0.282***	0.284***	0.847***	1						
	显著性	0.000	0.000	0.000							
TLR	相关性	-0.339***	0.010	-0.388***	-0.055***	1					
	显著性	0.000	0.374	0.000	0.000						
IDR	相关性	-0.350***	-0.117***	-0.350***	-0.126***	0.755***	1				
	显著性	0.000	0.000	0.000	0.000	0.000					
BCR	相关性	-0.274***	-0.142***	-0.230***	-0.105***	0.446***	0.809***	1			
	显著性	0.000	0.000	0.000	0.000	0.000	0.000				
TA	相关性	-0.011	0.165***	-0.372***	-0.305***	0.406***	0.334***	0.130***	1		
	显著性	0.330	0.000	0.000	0.000	0.000	0.000	0.000			
AS	相关性	-0.182***	-0.116***	-0.103***	-0.081***	0.212***	0.349***	0.329***	0.210***	1	
	显著性	0.000	0.000	0.000	0.000	0.000	0.000	0.000	0.000		
IGR	相关性	0.205***	0.250***	0.078***	0.089***	0.042***	0.020*	0.031***	0.076***	-0.024**	1
	显著性	0.000	0.000	0.000	0.000	0.000	0.079	0.007	0.000	0.039	

注：* 表示相关系数在 10% 水平上是显著的（双尾检验）；** 表示相关系数在 5% 水平上是显著的（双尾检验）；*** 表示相关系数在 1% 水平上是显著的（双尾检验）。

5.3.4 融资政策对公司绩效影响的回归分析

融资政策对公司绩效影响的回归分析结果，见表5-10。

表5-10 融资政策对公司绩效影响的回归分析表

项目	财务绩效模型（以ROA为被解释变量）		市场绩效模型（以TQ为被解释变量）	
	系数	P值	系数	P值
常数项	-0.0761***	0.0000	20.5947***	0.0000
TLR	-0.0652***	0.0000	-2.0876***	0.0000
IDR	-0.0462***	0.0000	0.2050	0.5781
BCR	-0.0094***	0.0076	-1.0163***	0.0000
TA	0.0087***	0.0000	-0.7668***	0.0000
AS	-0.0261***	0.0000	0.2412*	0.0621
IGR	0.0247***	0.0000	0.7863***	0.0000
年份	控制			
行业	控制			
有效观测值	7748			
R^2	0.2411		0.4431	
调整的R^2	0.2396		0.4420	
F值	153.5400		384.4700	
F值的显著性	0.0000		0.0000	

注：* 表示在10%置信水平下显著（双尾检验）；** 表示在5%置信水平下显著（双尾检验）；*** 表示在1%置信水平下显著（双尾检验）。

从表5-10中财务绩效模型的回归分析结果可以发现如下信息。

①总资产净利率（ROA）与总负债比例（TLR）的回归系数为-0.0652，且在1%水平上显著，说明总负债比例（TLR）对总资产净利率（ROA）有显著的负面影响，即总负债比例（TLR）越大，总资产净利率（ROA）越低。

②总资产净利率（ROA）与有息负债比例（IDR）的回归系数为-0.0462，且在1%水平上显著，说明有息负债比例（IDR）对总资产净利率（ROA）有显著的负面影响，即有息负债比例（IDR）越大，总资产净利率（ROA）越低。

③总资产净利率（ROA）与银行信用比例（BCR）的回归系数为-0.0094，且在1%水平上显著，说明银行信用比例（BCR）对总资产净利率（ROA）有显著的负面影响，即银行信用比例（BCR）越大，总资产净利率（ROA）越低。

从表5-10中市场绩效模型的回归分析结果可以发现如下信息。

①托宾Q值（TQ）与总负债比例（TLR）的回归系数为-2.0876，且在1%水平上显著，说明总负债比例（TLR）对托宾Q值（TQ）有显著的负面影响，即总负债比例（TLR）越大，托宾Q值（TQ）越低。

②托宾Q值（TQ）与有息负债比例（IDR）的回归系数为0.2050，但不显著，说明有息负债比例（IDR）对托宾Q值（TQ）没有显著的影响。

③托宾Q值（TQ）与银行信用比例（BCR）的回归系数为-1.0163，且在1%水平上显著，说明银行信用比例（BCR）对托宾Q值（TQ）有显著的负面影响，即银行信用比例（BCR）越大，托宾Q值（TQ）越低。

5.3.5 融资政策对公司绩效影响的稳健性检验

在财务绩效模型中，用净资产收益率（ROE）替换总资产净利率（ROA）进行稳健性检验；在市场绩效模型中，用市净率（PB）替换托宾Q值（TQ）进行稳健性检验。见表5-11。

将其与表5-10对照可以发现：①在财务绩效模型中，总负债比例（TLR）回归结果不够稳健，有息负债比例（IDR）回归结果稳健，银行信用比例（BCR）回归结果稳健；②在市场绩效模型中，总负债比例（TLR）回归结果不稳健，有息负债比例（IDR）回归结果比较稳健，银行信用比例（BCR）回归结果稳健。

表5-11　融资政策对公司绩效影响的稳健性检验

项目	财务绩效模型（以ROE为被解释变量）		市场绩效模型（以PB为被解释变量）	
	系数	P值	系数	P值
常数项	-0.2342***	0.0000	29.7063***	0.0000
TLR	0.0262***	0.0001	3.0186***	0.0000

续表

项目	财务绩效模型（以 ROE 为被解释变量）		市场绩效模型（以 PB 为被解释变量）	
	系数	P 值	系数	P 值
IDR	-0.1246***	0.0000	-0.6024	0.2177
BCR	-0.0030	0.6044	-1.3024***	0.0000
TA	0.0174***	0.0000	-1.1581***	0.0000
AS	-0.0453***	0.0000	-0.3213*	0.0609
IGR	0.0437***	0.0000	0.9299***	0.0000
年份	控制			
行业	控制			
有效观测值	7748			
R^2	0.1777		0.3800	
调整的 R^2	0.1760		0.3787	
F 值	104.3900		296.1800	
F 值的显著性	0.0000		0.0000	

注：* 表示在 10% 置信水平下显著（双尾检验）；** 表示在 5% 置信水平下显著（双尾检验）；*** 表示在 1% 置信水平下显著（双尾检验）。

5.4 公司治理结构对融资政策的影响

5.4.1 公司治理结构对融资政策影响的回归模型

为了检验公司治理结构对融资政策的影响，我们建立模型 5-3。模型 5-3 中变量的名称、代码与定义见表 5-12。

$$TLR_{i,t} = \alpha_0 + \alpha_1 CUM_{i,t} + \alpha_2 SMA_{i,t} + \alpha_3 AC_{i,t} + \alpha_4 CMI_{i,t} + \alpha_5 BCP_{i,t} + \alpha_6 CSE_{i,t} + \alpha_7 HER_{i,t} + \alpha_8 EBDL_{i,t} + \alpha_9 SI_{i,t} + \alpha_{10} TA_{i,t} + \alpha_{11} IGR_{i,t} + \sum_{i=12}^{20} \alpha_i YEAR + \sum_{i=21}^{23} \alpha_i IND + \varepsilon_{i,t}$$

（模型 5-3）

表 5－12　模型 5－3 中变量的名称、代码与定义表

变量类型	变量名称		变量代码	变量定义	备注
被解释变量	融资政策	总负债比例	$TLR_{i,t}$	期末负债总额/期末资产总额	小数
		有息负债比例	$IDR_{i,t}$	(期末短期借款＋期末长期借款＋期末应付债券＋期末长期应付款＋期末专项应付款)/期末资产总额	小数
		银行信用比例	$BCR_{i,t}$	(期末短期借款＋期末长期借款)/期末负债总额	小数
解释变量(治理结构)	经营者权力	董事长是否兼任总经理	$CUM_{i,t}$	是取“1”，不是取“0”	—
		出席股东大会股份比例	$SMA_{i,t}$	出席股东大会股份比例	百分数
		董事长年龄	$AC_{i,t}$	董事长年龄	年
	经营者激励	董事长货币薪酬激励强度	$CMI_{i,t}$	董事长货币薪酬/净利润	小数
	股权结构	实际控制人性质	$BCP_{i,t}$	国有取“1”，非国有取“0”	—
		股权的流通结构	$CSE_{i,t}$	流通股/公司全部股票	小数
		股权集中度	$HER_{i,t}$	前三大股东的持股比例之和	百分数
		股权制衡度	$EBDL_{i,t}$	第二大、第三大股东持股比例/第一大股东持股比例	小数
控制变量	投资结构	研究开发支出	$SI_{i,t}$	(期末无形资产＋期末研究开发支出)/期末资产总额	小数
	公司规模	公司总资产	$TA_{i,t}$	期末公司总资产对数值	小数
	成长性	营业收入增长率	$IGR_{i,t}$	营业收入增长率	小数
	年份	年份	YEAR	虚拟变量	年
	行业	行业	IND	虚拟变量	—

5.4.2 公司治理结构对融资政策影响的描述性统计分析

公司治理结构对融资政策影响的描述性统计结果，见表5－13。

表5－13 公司治理结构对融资政策影响的描述性统计分析表

变量	有效观测值	平均值	标准差	最小值	最大值
TLR	7748	0.3930	0.2070	0.0359	0.9025
IDR	7748	0.1604	0.1480	0.0000	0.7041
BCR	7748	0.3123	0.2448	0.0000	0.8680
CUM	7748	0.2657	0.4418	0.0000	1.0000
SMA	7748	51.2763	19.7317	0.6027	100.0000
AC	7748	52.8416	7.7771	27.0000	85.0000
CMI	7748	0.0101	0.0215	－0.0326	0.1925
BCP	7748	0.2810	0.4495	0.0000	1.0000
CSE	7748	0.6647	0.2822	0.1040	1.0000
HER	7748	48.3330	15.1811	3.0928	89.5833
EBDL	7748	0.5419	0.4499	0.0104	1.8437
SI	7748	0.0487	0.0436	0.0000	0.5822
TA	7748	21.6153	1.0102	19.7392	25.7957
IGR	7748	0.1806	0.3480	－0.4935	4.3699

从表5－13中可以发现如下信息。

①样本公司的TLR（总负债比例）平均值为0.3930，最大值为0.9025，最小值为0.0359，标准差为0.2070；IDR（有息负债比例）平均值为0.1604，最大值为0.7041，最小值为0.0000，标准差为0.1480；BCR（银行信用比例）平均值为0.3123，最大值为0.8680，最小值为0.0000，标准差为0.2448。样本公司的融资政策水平的标准差小于平均值，说明样本公司间的差异较小。

②样本公司的CUM（董事长是否兼任总经理）平均值为0.2657，最大值

为1.0000，最小值为0.0000，标准差为0.4418；SMA（出席股东大会股份比例）平均值为51.2763，最大值为100.0000，最小值为0.6027，标准差为19.7317；AC（董事长年龄）平均值为52.8416，最大值为85.0000，最小值为27.0000，标准差为7.7771。样本公司经营者权力的差别相对较小。

③CMI（董事长货币薪酬/净利润）的平均值为0.0101，最大值为0.1925，最小值为-0.0326，标准差为0.0215。样本公司的CMI差别较大。

④BCP（实际控制人性质）的平均值为0.2810，最大值为1.0000，最小值为0.0000，标准差为0.4495；CSE（流通股/公司全部股票）的平均值为0.6647，最大值为1.0000，最小值为0.1040，标准差为0.2822；HER（前三大股东持股比例之和）的平均值为48.3330，最大值为89.5833，最小值为3.0928，标准差为15.1811；EBDL（第二大、第三大股东持股比例/第一大股东持股比例）的平均值为0.5419，最大值为1.8437，最小值为0.0104，标准差为0.4499。样本公司的股权结构差别较小。

5.4.3　公司治理结构对融资政策影响的相关分析

公司治理结构对融资政策影响的相关分析结果，见表5-14。

从表5-14中可以发现如下信息。

①在经营者权力方面，董事长是否兼任总经理（CUM）与总负债比例（TLR）、有息负债比例（IDR）和银行信用比例（BCR）均显著负相关，相关系数分别为-0.147、-0.102和-0.057，在1%水平上显著。出席股东大会股份比例（SMA）与总负债比例（TLR）、有息负债比例（IDR）和银行信用比例（BCR）均显著负相关，相关系数分别为-0.274、-0.200和-0.130，在1%水平上显著。董事长年龄（AC）与总负债比例（TLR）、有息负债比例（IDR）和银行信用比例（BCR）均显著负相关，相关系数分别为-0.066、-0.048和-0.039，在1%水平上显著。

②在经营者激励方面，董事长货币薪酬激励强度（CMI）与总负债比例（TLR）显著负相关，相关系数为-0.020，在10%水平上显著；与有息负债比例（IDR）和银行信用比例（BCR）负相关，相关系数为-0.008和-0.001，不显著。

表 5-14　公司治理结构对融资政策影响的相关分析表

变量		TLR	IDR	BCR	CUM	SMA	AC	CMI	BCP	CSE	HER	EBDL	SI	TA	IGR
TLR	相关性	1													
	显著性														
IDR	相关性	0.755***	1												
	显著性	0.000													
BCR	相关性	0.446***	0.809***	1											
	显著性	0.000	0.000												
CUM	相关性	-0.147***	-0.102***	-0.057***	1										
	显著性	0.000	0.000	0.000											
SMA	相关性	-0.274***	-0.200***	-0.130***	0.078***	1									
	显著性	0.000	0.000	0.000	0.000										
AC	相关性	-0.066***	-0.048***	-0.039***	0.006	0.036***	1								
	显著性	0.000	0.000	0.001	0.583	0.002									
CMI	相关性	-0.020*	-0.008	-0.001	0.049***	-0.046***	0.018*	1							
	显著性	0.082	0.476	0.957	0.000	0.000	0.110								
BCP	相关性	0.352***	0.247***	0.097***	-0.190***	-0.201***	-0.046***	-0.044***	1						
	显著性	0.000	0.000	0.000	0.000	0.000	0.000	0.000							
CSE	相关性	0.375***	0.264***	0.119***	-0.162***	-0.546***	0.014	0.004	0.330***	1					
	显著性	0.000	0.000	0.000	0.000	0.000	0.211	0.753	0.000						
HER	相关性	-0.207***	-0.144***	-0.105***	0.062***	0.716***	0.010	-0.037***	-0.137***	-0.477***	1				
	显著性	0.000	0.000	0.000	0.000	0.000	0.399	0.001	0.000	0.000					
EBDL	相关性	-0.150***	-0.129***	-0.080***	0.024**	0.095***	0.033***	0.034***	-0.166***	-0.206***	-0.067***	1			
	显著性	0.000	0.000	0.000	0.033	0.000	0.003	0.003	0.000	0.000	0.000				
SI	相关性	0.074***	0.056***	0.044***	-0.012	-0.077***	-0.018	-0.023**	0.031***	0.093***	-0.067***	0.012	1		
	显著性	0.000	0.000	0.000	0.306	0.000	0.119	0.043	0.006	0.000	0.000	0.309			
TA	相关性	0.406***	0.334***	0.130***	-0.112***	-0.055***	0.084***	-0.150***	0.260***	0.229***	0.011	-0.095***	-0.062***	1	
	显著性	0.000	0.000	0.000	0.000	0.000	0.000	0.000	0.000	0.000	0.341	0.000	0.000		
IGR	相关性	0.042***	0.020*	0.031***	0.003	0.051***	-0.059***	-0.036***	-0.032***	-0.112***	0.055***	0.043***	-0.024**	0.076***	1
	显著性	0.000	0.078	0.006	0.791	0.000	0.000	0.002	0.004	0.000	0.000	0.000	0.035	0.000	

注：* 表示相关系数在10%水平上是显著的（双尾检验）；** 表示相关系数在5%水平上是显著的（双尾检验）；*** 表示相关系数在1%水平上是显著的（双尾检验）。

③在股权结构方面，实际控制人性质（BCP）与总负债比例（TLR）、有息负债比例（IDR）和银行信用比例（BCR）均显著正相关，相关系数分别为0.352、0.247和0.097，在1%水平上显著。股权的流通结构（CSE）与总负债比例（TLR）、有息负债比例（IDR）和银行信用比例（BCR）均显著正相关，相关系数分别为0.375、0.264和0.119，在1%水平上显著。股权集中度（HER）与总负债比例（TLR）、有息负债比例（IDR）和银行信用比例（BCR）均显著负相关，相关系数分别为-0.207、-0.144和-0.105，在1%水平上显著。股权制衡度（EBDL）与总负债比例（TLR）、有息负债比例（IDR）和银行信用比例（BCR）均显著负相关，相关系数分别为-0.150、-0.129和-0.080，在1%水平上显著。

5.4.4 公司治理结构对融资政策影响的回归分析

公司治理结构对融资政策影响的回归分析结果，见表5-15。

表5-15 公司治理结构对融资政策影响的回归分析表

项目	以TLR为被解释变量	
	系数	P值
常数项	-1.0255***	0.0000
CUM	-0.0094**	0.0341
SMA	-0.0007***	0.0000
AC	-0.0017***	0.0000
CMI	0.4547***	0.0000
BCP	0.0475***	0.0000
CSE	0.1278***	0.0000
HER	-0.0004**	0.0168
EBDL	-0.0182***	0.0001
SI	0.3388***	0.0000
TA	0.0720***	0.0000
IGR	0.0193***	0.0006
年份	控制	

续表

项目	以 TLR 为被解释变量	
	系数	P 值
行业	控制	
有效观测值	7748	
R^2	0.3529	
调整的 R^2	0.3512	
F 值	200.6700	
F 值的显著性	0.0000	

注：* 表示在10%置信水平下显著（双尾检验）；** 表示在5%置信水平下显著（双尾检验）；*** 表示在1%置信水平下显著（双尾检验）。

从表5-15中可以发现如下信息。

①总负债比例（TLR）与董事长是否兼任总经理（CUM）的回归系数为-0.0094，且在5%水平上显著，说明董事长是否兼任总经理（CUM）对总负债比例（TLR）有显著的负面影响，即董事长兼任总经理的情况下，总负债比例（TLR）较小。

②总负债比例（TLR）与出席股东大会股份比例（SMA）的回归系数为-0.0007，且在1%水平上显著，说明出席股东大会股份比例（SMA）对总负债比例（TLR）有显著的负面影响，即出席股东大会股份比例（SMA）越大，总负债比例（TLR）越小。

③总负债比例（TLR）与董事长年龄（AC）的回归系数为-0.0017，且在1%水平上显著，说明董事长年龄（AC）对总负债比例（TLR）有显著的负面影响，即董事长年龄（AC）越大，总负债比例（TLR）越小。

④总负债比例（TLR）与董事长货币薪酬激励强度（CMI）的回归系数为0.4547，且在1%水平上显著，说明董事长货币薪酬激励强度（CMI）对总负债比例（TLR）有显著的正面影响，即董事长货币薪酬激励强度（CMI）越大，总负债比例（TLR）越大。

⑤总负债比例（TLR）与实际控制人性质（BCP）的回归系数为0.0475，且在1%水平上显著，说明实际控制人性质（BCP）对总负债比例（TLR）有

显著的正面影响，即实际控制人性质（BCP）为国有时，总负债比例（TLR）较大。

⑥总负债比例（TLR）与股权的流通结构（CSE）的回归系数为0.1278，且在1%水平上显著，说明股权的流通结构（CSE）对总负债比例（TLR）有显著的正面影响，即“流通股/公司全部股票”的比例越大，总负债比例（TLR）越大。

⑦总负债比例（TLR）与股权集中度（HER）的回归系数为 -0.0004，且在5%水平上显著，说明股权集中度（HER）对总负债比例（TLR）有显著的负面影响，即“前三大股东持股比例之和”越大，总负债比例（TLR）越小。

⑧总负债比例（TLR）与股权制衡度（EBDL）的回归系数为 -0.0182，且在1%水平上显著，说明股权制衡度（EBDL）对总负债比例（TLR）有显著的负面影响，即“第二大、第三大股东持股比例/第一大股东持股比例”越大，总负债比例（TLR）越小。

5.4.5　公司治理结构对融资政策影响的稳健性检验

用有息负债比例（IDR）和银行信用比例（BCR）替换总负债比例（TLR）对模型5 -3 的回归分析结果进行稳健性检验，见表5 -16。将其与表5 -15 对照，可以发现主要变量系数的符号和显著性水平变化不大。所以，模型5 -3 的回归分析结果是比较稳健的。

表5 -16　融资政策影响因素回归分析结果的稳健性检验

项目	以 IDR 为被解释变量		以 BCR 为被解释变量	
	回归系数	P值	回归系数	P值
常数项	-0.7481***	0.0000	-0.2710***	0.0000
CUM	-0.0045	0.1901	-0.0082	0.1849
SMA	-0.0005***	0.0000	-0.0006***	0.0018
AC	-0.0007***	0.0002	-0.0005	0.1340
CMI	0.3924***	0.0000	0.3841***	0.0002
BCP	0.0078**	0.0446	-0.0262***	0.0002

续表

项目	以 IDR 为被解释变量		以 BCR 为被解释变量	
	回归系数	P 值	回归系数	P 值
CSE	0.0571 ***	0.0000	0.0334 ***	0.0095
HER	-0.0004 ***	0.0080	-0.0009 ***	0.0008
EBDL	-0.0193 ***	0.0000	-0.0309 ***	0.0000
SI	0.1623 ***	0.0000	0.1987 ***	0.0013
TA	0.0472 ***	0.0000	0.0369 ***	0.0000
IGR	0.0027	0.5365	0.0141 *	0.0728
年份	控制			
行业	控制			
有效观测值	7748		7748	
R^2	0.2355		0.0961	
调整的 R^2	0.2334		0.0936	
F 值	113.3000		39.1100	
F 值的显著性	0.0000		0.0000	

注：* 表示在 10% 置信水平下显著（双尾检验）；** 表示在 5% 置信水平下显著（双尾检验）；*** 表示在 1% 置信水平下显著（双尾检验）。

5.5 本章研究结论

本章以 2007—2015 年中国制造业，电力、热力、燃气及水生产和供应业，批发和零售业上市公司为样本（分别代表竞争性、垄断性和垄断竞争性行业）对公司治理结构、融资政策与公司绩效进行统计分析和实证检验。

通过对融资政策与公司绩效进行统计分析发现，不管是竞争性行业、垄断性行业，还是垄断竞争性行业，随着总负债和有息负债的增加，财务绩效和市场绩效总体上呈下降趋势。

通过对债务融资如何影响公司绩效实证检验发现：

①在财务绩效模型中，总负债比例（TLR）对总资产净利率（ROA）有

显著的负面影响，有息负债比例（IDR）对总资产净利率（ROA）有显著的负面影响，银行信用比例（BCR）对总资产净利率（ROA）有显著的负面影响。

②在市场绩效模型中，总负债比例（TLR）对托宾Q值（TQ）有显著的负面影响，银行信用比例（BCR）对托宾Q值（TQ）有显著的负面影响。

通过对公司治理结构如何影响债务融资实证检验发现：

①董事长是否兼任总经理（CUM）对总负债比例（TLR）有显著的负面影响；

②出席股东大会股份比例（SMA）对总负债比例（TLR）有显著的负面影响；

③董事长年龄（AC）对总负债比例（TLR）有显著的负面影响；

④董事长货币薪酬激励强度（CMI）对总负债比例（TLR）有显著的正面影响；

⑤实际控制人性质（BCP）对总负债比例（TLR）有显著的正面影响；

⑥股权的流通结构（CSE）对总负债比例（TLR）有显著的正面影响；

⑦股权集中度（HER）对总负债比例（TLR）有显著的负面影响；

⑧股权制衡度（EBDL）对总负债比例（TLR）有显著的负面影响。

第6章
治理机制、股利政策与股票价格实证检验

CHAPTER 6

6.1 治理机制、股利政策与股票价格的计量

6.1.1 公司治理机制的计量

公司治理机制的内容可以分为三个部分，即股权结构、内部激励机制和市场机制。在股权结构中，股权的流通结构（LTJG）用流通股占公司全部股票的比例来表示，股权的所有制结构（GYZB）用国有股占公司全部股票的比例表示，股权集中度（ECR）是第一大股东持股比例，股权制衡度（ERR）是“第二、第三大股东持股比例之和/第一大股东持股比例”。在内部激励机制中，用“高管货币薪酬总额/净利润”表示高管货币薪酬激励强度（XCJL），用“高管持股市值/净利润”表示高管股权激励强度（GQJL）。在市场机制中，用“营业收入/（营业收入－营业成本）”即毛利率的倒数来表示商品市场竞争性（SPSC），用流通股年换手率来表示资本市场竞争性（ZBSC）。

6.1.2 股利政策的计量

股利政策用每股税前现金股利（SQXJ）、每股税后现金股利（SHXJ）、股利分配率（GLFP）、现金股利变动率（BDL）、资本利得率（CG）、个股回报率（考虑现金红利再投资）（HBK）和个股回报率（不考虑现金红利再投资）（HBB）表示。其中，股利分配率用“每股税前派息/（本期净利润/实收资本本期期末值）”计量，现金股利变动率用“（本期每股税前派息－上年同期每股税前派息）/上年同期每股税前派息”计量，资本利得率用“（年收盘价－年开盘价）/年开盘价”计量，个股回报率是指年个股回报率。

6.1.3 股票价格的计量

股票价格（GPJG）用年收盘价表示。

6.2 样本选择、数据来源与数据处理

以2007—2015年上海证券交易所和深圳证券交易所制造业全部A股为研究对象，所有原始数据来源于国泰安数据库（CSMAR）。

利用国泰安数据库进行样本公司筛选和原始数据搜集。初选样本同时满足以下条件：

①“行业分类标准”选择2012年证监会规定的行业分类标准；

②在“证监会2012版行业分类”中选择“制造业”；

③“股票市场分类”选择“全部A股”，即不包括创业板、中小企业板和全部B股；

④在“ST & 非ST”中选择“非ST”，即不包括ST股票；

⑤“条件筛选”中的“截止日期”选择“包含12-31”，即年度数据；

⑥“条件筛选”中的“报表类型编码”选择“等于A”，即合并财务报表数据。

先从国泰安数据库（CSMAR）导出原始数据，然后利用Excel计算变量值。将整合后的数据表导入Stata13.0，利用Stata13.0对数据进行如下处理。

①缺失值的处理。把含有缺失值的样本从总样本中去掉。

②极端值的处理。对各个连续变量进行5%的缩尾处理。

6.3 中国上市公司股利政策统计分析

6.3.1 “分与不分”统计分析

上海证券交易所和深圳证券交易所分配和不分配公司的数量和比例，见表6-1。

根据表6-1中的数据，可以绘制出图6-1。

表6-1 沪市和深市“分与不分”公司数量和比例

年份	上海证券交易所				深圳证券交易所			
	分配公司		不分配公司		分配公司		不分配公司	
	数量	比例	数量	比例	数量	比例	数量	比例
2007	208	51.36%	197	48.64%	217	55.93%	171	44.07%
2008	182	46.55%	209	53.45%	238	56.26%	185	43.74%
2009	204	51.13%	195	48.87%	323	62.84%	191	37.16%
2010	228	54.42%	192	45.58%	532	70.56%	222	29.44%
2011	249	57.51%	184	42.49%	700	77.26%	206	22.74%
2012	285	64.63%	156	35.37%	739	77.38%	216	22.62%
2013	311	68.65%	142	31.35%	790	78.69%	214	21.31%
2014	320	66.81%	159	33.19%	797	77.08%	237	22.92%
2015	351	67.11%	172	32.89%	822	73.52%	296	26.48%

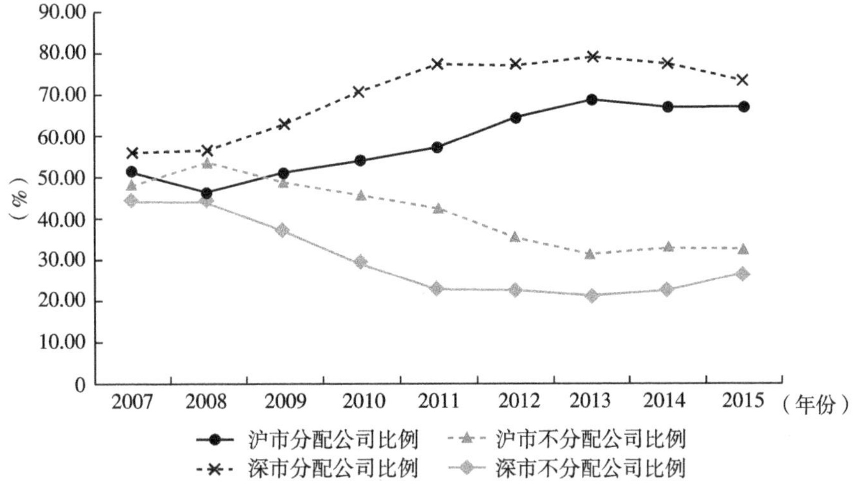

图6-1 2007—2015年沪市和深市“分与不分”公司比例变化趋势图

从表6-1和图6-1中可以发现如下信息。

①不管是沪市还是深市，从2007年到2015年，分配股利公司所占的比例总体上呈上升趋势，不分配股利公司所占的比例总体上呈下降趋势。

②与沪市比较，深市分配股利公司所占的比例较大，不分配股利公司所

占的比例较小。

6.3.2 "多分还是少分"（股利分配率）统计分析

上海证券交易所和深圳证券交易所"多分还是少分"（股利分配率）统计分析结果，见表6－2。根据表6－2中的数据，可以绘制出图6－2。

从表6－2和图6－2可以发现如下信息。

①股利分配率集中在0~60%区间内。沪市有10%公司的股利分配率超过60%，深市有13%公司的股利分配率超过60%。

②股利分配率在20%~40%区间内的公司最多，沪市为45%，深市为39%。

③股利分配率在0~20%区间内的公司较多，沪市为30%，深市为28%。

表6－2　沪市和深市上市公司股利分配率统计分析

年份	数量/比例	上海证券交易所						深圳证券交易所					
		0~20%	20%~40%	40%~60%	60%~80%	80%~100%	合计	0~20%	20%~40%	40%~60%	60%~80%	80%~100%	合计
2007	数量（家）	69	80	36	18	5	208	78	72	43	20	4	217
	比例（%）	33	38	17	9	2	100	36	33	20	9	2	100
2008	数量（家）	67	71	29	10	5	182	61	91	55	22	9	238
	比例（%）	37	39	16	5	3	100	26	38	23	9	4	100
2009	数量（家）	81	69	31	15	8	204	83	119	74	30	17	323
	比例（%）	40	34	15	7	4	100	26	37	23	9	5	100
2010	数量（家）	93	83	28	17	7	228	130	209	116	52	25	532
	比例（%）	41	36	12	7	3	100	24	39	22	10	5	100
2011	数量（家）	94	95	40	14	6	249	162	301	134	66	37	700
	比例（%）	38	38	16	6	2	100	23	43	19	9	5	100
2012	数量（家）	54	157	40	24	10	285	179	285	172	64	39	739
	比例（%）	19	55	14	8	4	100	24	39	23	9	5	100
2013	数量（家）	53	182	50	9	17	311	233	343	121	63	30	790
	比例（%）	17	59	16	3	5	100	29	43	15	8	4	100

续表

年份	数量/比例	上海证券交易所						深圳证券交易所					
		0 ~ 20%	20% ~ 40%	40% ~ 60%	60% ~ 80%	80% ~ 100%	合计	0 ~ 20%	20% ~ 40%	40% ~ 60%	60% ~ 80%	80% ~ 100%	合计
2014	数量（家）	75	172	48	18	7	320	280	305	116	63	33	797
	比例（%）	23	54	15	6	2	100	35	38	15	8	4	100
2015	数量（家）	63	186	58	33	11	351	266	329	138	63	26	822
	比例（%）	18	53	17	9	3	100	32	40	17	8	3	100
平均	数量（家）	72	122	40	18	8	260	164	228	108	49	24	573
	比例（%）	30	45	15	7	3	100	28	39	20	9	4	100

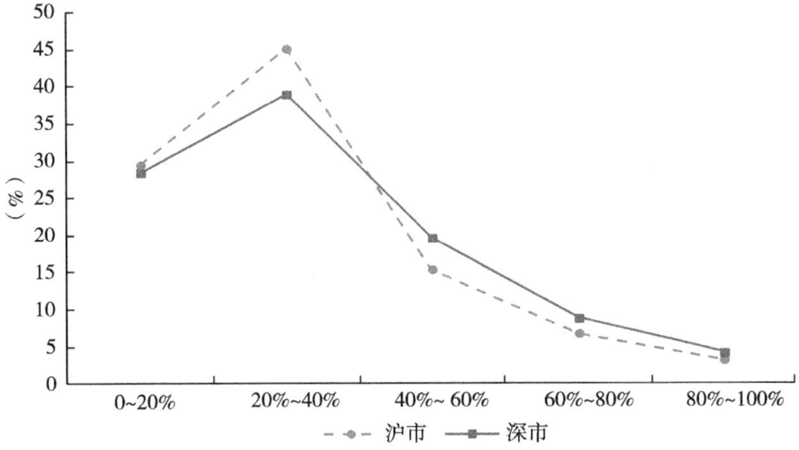

图 6－2　2007—2015 年沪市和深市平均的股利分配率

6.3.3　现金股利、资本利得和个股回报率统计分析

上海证券交易所和深圳证券交易所现金股利、资本利得和个股回报率（考虑现金红利再投资）统计分析结果，见表 6－3。根据表 6－3 中的数据，可以绘制出图 6－3、图 6－4 和图 6－5。

从表 6－3，以及图 6－3、图 6－4 和图 6－5 可以发现如下信息。

表 6-3 沪市现金股利、资本利得和个股回报率股利分配统计分析表

年份	每股税后现金股利（元/股）		资本利得（元）		个股回报率	
	沪市	深市	沪市	深市	沪市	深市
2007	0.1384	0.1531	1.3429	1.0355	1.5290	1.2708
2008	0.1351	0.1276	-0.5629	-0.5864	-0.4690	-0.4177
2009	0.1353	0.1512	1.1132	1.0111	1.2701	1.2886
2010	0.1317	0.1705	0.1092	0.0837	0.2202	0.2402
2011	0.1453	0.1705	-0.3710	-0.4724	-0.2921	-0.3108
2012	0.1614	0.1496	-0.0522	-0.1863	0.0433	-0.0087
2013	0.1420	0.1331	0.1207	0.1991	0.1955	0.3963
2014	0.1444	0.1261	0.3222	0.1979	0.3883	0.3569
2015	0.1645	0.1245	0.4079	0.5119	0.4545	0.8407
平均	0.1459	0.1418	0.2630	0.1361	0.3574	0.3429

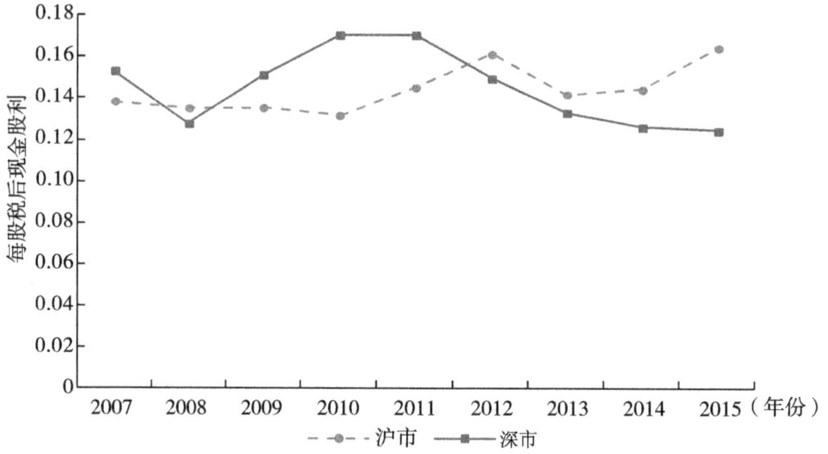

图 6-3 2007—2015 年沪市和深市上市公司每股税后现金股利

①2007—2015 年沪市和深市上市公司每股税后现金股利为 0.12～0.18 元/股，都呈波浪式起伏，深市变化较大，沪市变化较小。沪市 2010 年最小，为 0.1317 元/股；2015 年最大，为 0.1645 元/股。深市 2015 年最小，为 0.1245 元/股；2010 年和 2011 年最大，为 0.1705 元/股。

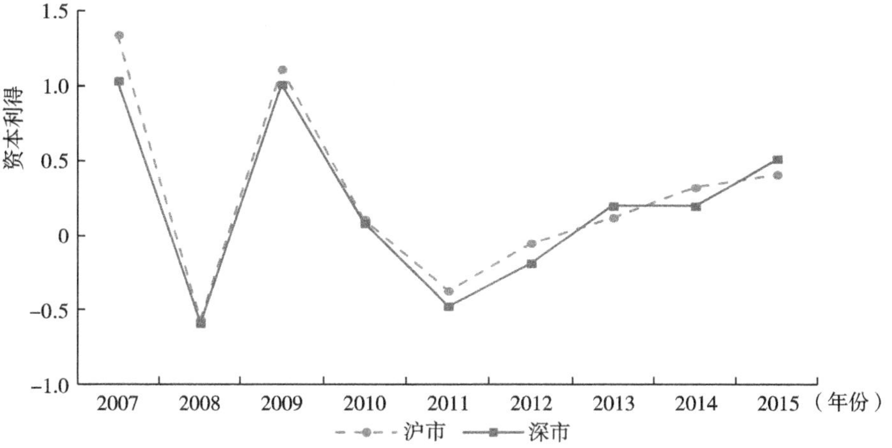

图 6－4　2007—2015 年沪市和深市上市公司资本利得

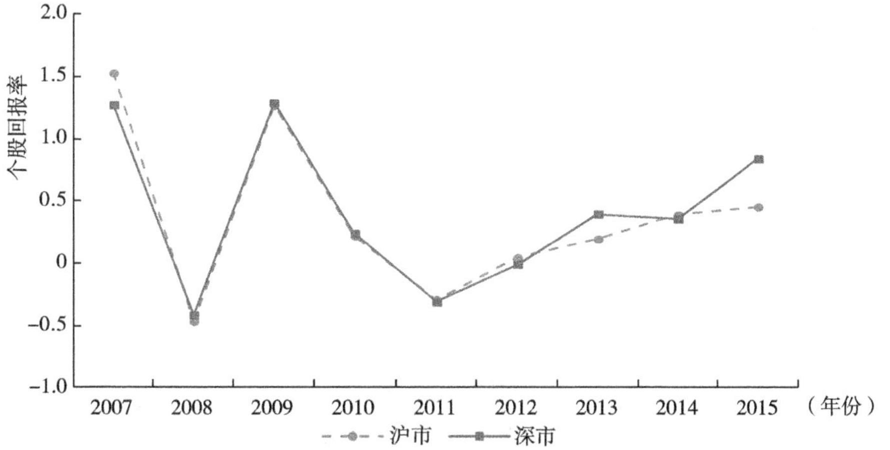

图 6－5　2007—2015 年沪市和深市个股回报率

②2007—2015 年沪市和深市上市公司资本利得变化趋势大体相同。2008 年急剧下降，2009 年急剧上升。从 2009 年到 2011 年呈下降趋势，从 2011 年到 2015 年呈上升趋势。沪市 2008 年最小，为－0. 5629 元；2007 年最大，为 1. 3429 元。深市 2008 年最小，为－0. 5864 元；2007 年最大，为 1. 0355 元。

③2007—2015 年沪市和深市上市公司个股回报率变化趋势大体相同。2008 年急剧下降，2009 年急剧上升。从 2009 年到 2011 年呈下降趋势，

从2011年到2015年呈上升趋势。沪市2008年最小，为-0.4690；2007年最大，为1.5290。深市2008年最小，为-0.4177；2007年最大，为1.2708。

6.4 公司治理和公司财务对股利政策的影响

6.4.1 回归模型

为了检验公司治理和公司财务对股利政策的影响，我们建立回归模型6-1。模型6-1中变量的类型、代码、定义和取值方法见表6-4。

$$GLZC_{i,t} = \alpha_0 + \alpha_1 ECR_{i,t} + \alpha_2 ERR_{i,t} + \alpha_3 MGSY_{i,t} + \alpha_4 BZBS_{i,t} + \alpha_5 LDX_{i,t} + \alpha_6 JZNL_{i,t} + \alpha_7 DQZW_{i,t} + \alpha_8 GROW_{i,t} + \alpha_9 TBQ_{i,t} + \alpha_{10} SJSL_{i,t} + \alpha_{11} DOL_{i,t} + \alpha_{12} DFL_{i,t} + \alpha_{13} SIZE_{i,t} + \alpha_{14} GSXZ_{i,t} + \alpha_{15} GPSC_{i,t} + \sum_{j=16}^{24} \alpha_j YEAR + \varepsilon_{i,t}$$

（模型6-1）

表6-4 模型6-1中变量的类型、代码、定义和取值方法

变量类型	变量名称		变量代码	预期符号	变量的定义
被解释变量	股利政策	每股税前现金股利	SQXJ		税前每股派息
		每股税后现金股利	SHXJ		税后每股派息
		股利分配率	GLFP		税前每股派息/（净利润本期值/实收资本本期期末值）
		现金股利变动率	BDL		（本期税前每股派息-上年同期税前每股派息）/上年同期税前每股派息
		个股回报率（考虑现金红利再投资）	HBK		年个股回报率（考虑现金红利再投资）
		个股回报率（不考虑现金红利再投资）	HBB		年个股回报率（不考虑现金红利再投资）

续表

变量类型	变量名称		变量代码	预期符号	变量的定义
解释变量	公司治理	股权集中度	ECR	+	第一大股东持股比例
		股权制衡度	ERR	+	第二大、第三大股东持股比例之和/第一大股东持股比例
	公司财务	盈利能力	MGSY	+	基本每股收益
		现金充裕程度	BZBS	+	经营活动产生的现金流量净额本期值/实收资本本期期末值
		资产的流动性	LDX	+	期末流动资产/期末资产总额
		举债能力	JZNL	+	期末资产总额/期末负债总额
		到期债务	DQZW	-	期末流动负债/期末资产总额
		成长性	GROW	-	营业收入增长率
		投资机会	TBQ	-	托宾 Q 值
		实际税率	SJSL	-	(每股税前现金股利 - 每股税后现金股利)/每股税前现金股利
控制变量	经营环境	经营活动不确定性	DOL	+	经营杠杆系数
		财务活动不确定性	DFL	+	财务杠杆系数
	公司规模	年末资产总额	SIZE	+	年末总资产的自然对数
	公司性质		GSXZ	+	国有为 0，非国有为 1
	股票市场		GPSC		上海证券交易所为 0 深圳证券交易所为 1
	年份		YEAR		年份

6.4.2 模型 6 - 1 中变量的描述性统计分析

模型 6 - 1 中变量的描述性统计分析结果，见表 6 - 5。

从表 6 - 5 中可以发现以下信息。

①在被解释变量中，公司的每股税前现金股利（SQXJ）和每股税后现金

股利（SHXJ）均值分别为 0. 1527、0. 1420，标准差分别为 0. 1340、0. 1266；股利分配率（GLFP）均值为 0. 3263，标准差为 0. 1844；现金股利变动率（BDL）均值为 -0. 0038，标准差为 0. 5315；个股回报率（考虑现金红利再投资）（HBK）和个股回报率（不考虑现金红利再投资）（HBB）均值分别为 0. 3461、0. 3433，标准差分别为 0. 6368、0. 6314。

表 6-5　模型 6-1 中变量的描述性统计表

变量	观测值数量	中位数	标准差	最小值	最大值	平均值
SQXJ	5633	0. 1000	0. 1340	0. 0200	0. 5000	0. 1527
SHXJ	5633	0. 0950	0. 1266	0. 0143	0. 4770	0. 1420
GLFP	5633	0. 2912	0. 1844	0. 0900	0. 7486	0. 3263
BDL	5633	0. 0000	0. 5315	-0. 7500	1. 3333	-0. 0038
HBK	5633	0. 1958	0. 6368	-0. 5094	1. 8782	0. 3461
HBB	5633	0. 1953	0. 6314	-0. 5064	1. 8624	0. 3433
ECR	5633	0. 3566	0. 1354	0. 1621	0. 6287	0. 3669
ERR	5633	0. 3798	0. 3880	0. 0407	1. 3348	0. 4858
MGSY	5633	0. 3900	0. 3585	0. 0700	1. 4100	0. 4862
BZBS	5633	0. 3826	0. 6663	-2. 0408	10. 6052	0. 4737
LDX	5633	0. 6093	0. 1547	0. 3082	0. 8489	0. 6008
JZNL	5633	2. 7404	2. 7934	1. 4563	11. 9434	3. 8305
DQZW	5633	0. 3059	0. 1541	0. 0714	0. 6053	0. 3134
GROW	5633	0. 1337	0. 2126	-0. 1697	0. 6550	0. 1630
TBQ	5633	1. 8680	1. 5506	0. 5090	6. 1914	2. 3185
SJSL	5633	0. 0500	0. 0353	0. 0000	0. 1000	0. 0610
DOL	5633	1. 3136	0. 3348	1. 0674	2. 3238	1. 4217
DFL	5633	1. 0538	0. 3324	0. 8133	2. 1438	1. 1682
SIZE	5633	21. 7154	1. 0313	20. 3495	24. 1028	21. 8519
GSXZ	5633	1. 0000	0. 4775	0. 0000	1. 0000	0. 6483
GPSC	5633	1. 0000	0. 4682	0. 0000	1. 0000	0. 6757

②在解释变量中，股权集中度（ECR）均值为 0.3669，标准差为 0.1354；股权制衡度（ERR）均值为 0.4858，标准差为 0.3880；盈利能力（MGSY）均值为 0.4862，标准差分别为 0.3585；现金充裕程度（BZBS）均值为 0.4737，标准差为 0.6663；资产的流动性（LDX）均值为 0.6008，标准差为 0.1547；举债能力（JZNL）和到期债务（DQZW）均值分别为 3.8305、0.3134，标准差分别为 2.7934、0.1541；成长性（GROW）和投资机会（TBQ）均值分别为 0.1630、2.3185，标准差分别为 0.2126、1.5506；实际税率（SJSL）均值为 0.0610，标准差为 0.0353。

6.4.3　模型 6-1 中变量的相关性分析

模型 6-1 中变量的相关系数见表 6-6。从表 6-6 中可以发现如下信息。

①股权集中度（ECR）与每股税前现金股利（SQXJ）显著正相关，相关系数为 0.137，在 1% 的水平上显著；与每股税后现金股利（SHXJ）显著正相关，相关系数为 0.135，在 1% 的水平上显著。

②股权集中度（ECR）、股权制衡度（ERR）与股利分配率（GLFP）显著正相关，相关系数分别为 0.058 和 0.057，在 1% 的水平上显著。

③股权制衡度（ERR）与现金股利变动率（BDL）显著负相关，相关系数为 -0.039，在 1% 的水平上显著。

④盈利能力（MGSY）、现金充裕程度（BZBS）、资产的流动性（LDX）、举债能力（JZNL）、成长性（GROW）、投资机会（TBQ）、实际税率（SJSL）都与每股税前现金股利（SQXJ）显著正相关，相关系数分别为 0.730、0.383、0.193、0.161、0.088、0.152 和 0.084，都在 1% 水平上显著；盈利能力（MGSY）、现金充裕程度（BZBS）、资产的流动性（LDX）、举债能力（JZNL）、成长性（GROW）、投资机会（TBQ）、实际税率（SJSL）也都与每股税后现金股利（SHXJ）显著正相关，相关系数分别为 0.722、0.380、0.190、0.164、0.075、0.151 和 0.041，都在 1% 的水平上显著；而到期债务（DQZW）与每股税前现金股利（SQXJ）、每股税后现金股利（SHXJ）显著负相关，相关系数分别为 -0.148 和 -0.154，都在 1% 的水平上显著。

表 6－6　模型 6－1 中变量的相关系数表

系数	SQXJ	SHXJ	GLFP	BDL	HBK	HBB	ECR	ERR	MGSY	BZBS	LDX
SQXJ	1										
SHXJ	0.997***	1									
GLFP	0.456***	0.461***	1								
BDL	0.303***	0.300***	0.163***	1							
HBK	−0.054***	−0.054***	−0.062***	0.121***	1						
HBB	−0.054***	−0.055***	−0.063***	0.121***	0.999***	1					
ECR	0.137***	0.135***	0.058***	0.005	−0.020	−0.020	1				
ERR	0.020	0.021	0.057***	−0.039***	−0.018	−0.017	−0.659***	1			
MGSY	0.730***	0.722***	−0.117***	1.000***	−0.004	−0.005	0.103***	−0.004	1		
BZBS	0.383***	0.380***	−0.047***	0.180***	0.057***	0.057***	0.061***	−0.042***	0.465***	1	
LDX	0.193***	0.190***	0.049***	−0.013	−0.078***	−0.078***	0.059***	0.044***	0.168***	−0.126***	1
JZNL	0.161***	0.164***	0.211***	−0.097***	−0.091***	−0.091***	−0.059***	0.178***	0.033**	−0.104***	0.226***
DQZW	−0.148***	−0.154***	−0.186***	0.097***	0.072***	0.072***	0.087***	−0.174***	−0.027**	0.094***	−0.047***
GROW	0.088***	0.075***	−0.170***	0.139***	0.106***	0.106***	0.002	0.037***	0.242***	0.019	0.056***
TBQ	0.152***	0.151***	0.057***	0.000	0.398***	0.400***	−0.022*	0.120***	0.138***	−0.040***	0.177***
SJSL	0.084***	0.041***	−0.008	0.061***	−0.170***	−0.174***	0.063***	−0.035***	0.124***	0.021	0.032**
DOL	−0.413***	−0.408***	0.111***	−0.116***	−0.005	−0.005	0.013	−0.080***	−0.526***	−0.056***	−0.428***
DFL	−0.335***	−0.335***	−0.031**	−0.041***	−0.014	−0.014	−0.016	−0.123***	−0.342***	−0.050***	−0.338***
SIZE	0.142***	0.143***	−0.128***	0.119***	−0.029**	−0.029**	0.171***	−0.191***	0.275***	0.286***	−0.186***
GSXZ	−0.001	0.007	0.096***	−0.096***	0.003	0.003	−0.136***	0.219***	−0.073***	−0.145***	0.104***
GPSC	−0.005	−0.002	0.040***	−0.112***	−0.003	−0.002	−0.087***	0.199***	−0.032**	−0.123***	0.084***

（表6-6续表）

系数	GROW	TBQ	SJSL	ECR	ERR	DOL	DFL	SIZE	GSXZ	GPSC
GROW	1									
TBQ	-0.794***	1								
SJSL	-0.096***	0.099***	1							
ECR	0.382***	-0.411***	0.140***	1						
ERR	-0.049***	0.112***	0.205***	-0.173***	1					
DOL	-0.152***	0.143***	-0.252***	-0.288***	-0.116***	1				
DFL	-0.467***	0.498***	-0.097***	-0.371***	0.002	0.435***	1			
SIZE	-0.464***	0.474***	0.016	-0.423***	-0.052***	0.096***	0.287***	1		
GSXZ	0.271***	-0.297***	0.029**	0.209***	-0.169***	-0.124***	-0.162***	-0.401***	1	
GPSC	0.270***	-0.276***	0.056***	0.204***	-0.089***	-0.059***	-0.188***	-0.366***	0.341***	1

注：*** 表示 $p<0.01$；** 表示 $p<0.05$；* 表示 $p<0.1$。

⑤资产的流动性（LDX）、举债能力（JZNL）、投资机会（TBQ）与股利分配率（GLFP）显著正相关，相关系数分别为0.049、0.211和0.057，在1%的水平上显著；盈利能力（MGSY）、现金充裕程度（BZBS）、到期债务（DQZW）、成长性（GROW）与股利分配率（GLFP）显著负相关，相关系数分别为-0.117、-0.047、-0.186和-0.170，都在1%的水平上显著；而实际税率（SJSL）与股利分配率（GLFP）没有显著的相关性。

⑥盈利能力（MGSY）、现金充裕程度（BZBS）、到期债务（DQZW）、成长性（GROW）、实际税率（SJSL）与现金股利变动率（BDL）显著正相关，相关系数分别为0.221、0.181、0.097、0.139和0.061，都在1%的水平上显著；举债能力（JZNL）与现金股利变动率（BDL）显著负相关，相关系数为-0.097，在1%的水平上显著；而资产的流动性（LDX）、投资机会（TBQ）与现金股利变动率（BDL）没有显著的相关性。

⑦现金充裕程度（BZBS）、到期债务（DQZW）、成长性（GROW）、投资机会（TBQ）都与个股回报率（考虑现金红利再投资）（HBK）显著正相关，相关系数分别为0.057、0.072、0.106和0.398，都在1%的水平上显著；现金充裕程度（BZBS）、到期债务（DQZW）、成长性（GROW）、投资机会（TBQ）与个股回报率（不考虑现金红利再投资）（HBB）显著正相关，相关系数分别为0.232、0.057、0.072、0.106和0.400，都在1%水平上显著；而资产的流动性（LDX）、举债能力（JZNL）、实际税率（SJSL）与个股回报率（考虑现金红利再投资）（HBK）、个股回报率（不考虑现金红利再投资）（HBB）显著负相关，与HBK的相关系数分别为-0.078、-0.091和-0.170，与HBB的相关系数分别为-0.078、-0.091和-0.174，都在1%水平上显著；盈利能力（MGSY）与HBK和HBB都没有显著相关关系。

6.4.4 模型6-1的回归分析

模型6-1的回归分析结果，见表6-7。

表 6-7　模型 6-1 的回归分析表

项目		SQXJ	GLFP	HBK
ECR	系数	0.1180***	0.2204***	-0.2332***
	显著性	0.0000	0.0000	0.0000
ERR	系数	0.0272***	0.0636***	-0.0806***
	显著性	0.0000	0.0000	0.0000
MGSY	系数	0.2461***	-0.0331***	-0.1198***
	显著性	0.0000	0.0008	0.0000
BZBS	系数	0.0190***	0.0084**	0.0247***
	显著性	0.0000	0.0451	0.0071
LDX	系数	0.0503***	0.0994***	-0.1639***
	显著性	0.0000	0.0000	0.0001
JZNL	系数	0.0024***	0.0074***	-0.0016
	显著性	0.0012	0.0000	0.6094
DQZW	系数	-0.0700***	-0.1229***	0.5045***
	显著性	0.0000	0.0000	0.0000
GROW	系数	-0.0546***	-0.1155***	0.3685***
	显著性	0.0000	0.0000	0.0000
TBQ	系数	0.0014	0.0047**	0.1129***
	显著性	0.1961	0.0320	0.0000
SJSL	系数	-0.8667***	-0.8600**	0.6299
	显著性	0.0000	0.0172	0.4234
DOL	系数	-0.0090*	0.0697***	0.0187
	显著性	0.0617	0.0000	0.3755
DFL	系数	-0.0030	0.0269***	-0.0572***
	显著性	0.5286	0.0046	0.0058
SIZE	系数	0.0027	0.0012	0.0160**
	显著性	0.1176	0.7238	0.0309
1.GSXZ	系数	0.0089***	0.0249***	0.0243*
	显著性	0.0018	0.0000	0.0503

续表

项目		SQXJ	GLFP	HBK
1. GPSC	系数	-0.0054*	-0.0121**	0.0368***
	显著性	0.0546	0.0322	0.0027
YEAR		控制		
Constant	系数	0.0126	0.1429*	0.6235***
	显著性	0.7703	0.0969	0.0009
观察值数量		5633	5633	5633
R^2		0.5804	0.1146	0.6473
调整的 R^2		0.5787	0.1109	0.6458
F 值		337.36	31.56	447.50
F 的显著性		0.0000	0.0000	0.0000

注：*** 表示 $p<0.01$，** 表示 $p<0.05$，* 表示 $p<0.1$。

每股税前现金股利（SQXJ）模型的回归分析结果如下。

①股权集中度（ECR）、股权制衡度（ERR）与每股税前现金股利（SQXJ）的回归系数分别为0.1180、0.0272，都在1%的水平上显著为正，即股权集中度和股权制衡度对每股税前现金股利有显著的正面影响。

②盈利能力（MGSY）、现金充裕程度（BZBS）、资产的流动性（LDX）、举债能力（JZNL）与每股税前现金股利（SQXJ）的回归系数分别为0.2461、0.0190、0.0503和0.0024，都在1%水平上显著为正，即盈利能力、现金充裕程度、资产的流动性、举债能力对每股税前现金股利都有显著的正面影响。

③到期债务（DQZW）、成长性（GROW）、实际税率（SJSL）与每股税前现金股利（SQXJ）的回归系数分别为-0.0700、-0.0546和-0.8667，都在1%水平上显著为负，即到期债务、成长性、实际税率对每股税前现金股利有显著的负面影响。

④投资机会（TBQ）与每股税前现金股利（SQXJ）的回归系数为正数，但不显著，说明投资机会对每股税前现金股利没有显著的影响。

股利分配率（GLFP）模型的回归分析结果如下。

①股权集中度（ECR）、股权制衡度（ERR）与股利分配率（GLFP）的

回归系数分别为0.2204、0.0636，都在1%的水平上显著为正，即股权集中度和股权制衡度对股利分配率有显著的正面影响。

②现金充裕程度（BZBS）、资产的流动性（LDX）、举债能力（JZNL）、投资机会（TBQ）与股利分配率（GLFP）的回归系数分别为0.008、0.0994、0.0074和0.0047，其中，资产的流动性（LDX）、举债能力（JZNL）的回归系数在1%的水平上显著为正，现金充裕程度（BZBS）、投资机会（TBQ）的回归系数在5%的水平上显著为正。这说明，现金充裕程度、资产的流动性、举债能力、投资机会对股利分配率有显著的正面影响。

③盈利能力（MGSY）、到期债务（DQZW）、成长性（GROW）、实际税率（SJSL）与股利分配率（GLFP）的回归系数分别为-0.0331、-0.1229、-0.1155和-0.8600，其中，盈利能力（MGSY）、到期债务（DQZW）、成长性（GROW）的回归系数在1%的水平上显著为负，实际税率（SJSL）的回归系数在5%的水平上显著为负。这说明，盈利能力、到期债务、成长性、实际税率对股利分配率有显著的负面影响。

个股回报率（考虑现金红利再投资）（HBK）的回归分析结果如下。

①股权集中度（ECR）、股权制衡度（ERR）与个股回报率（考虑现金红利再投资）（HBK）的回归系数分别为-0.2332、-0.0806，都在1%的水平上显著为负，即股权集中度和股权制衡度对个股回报率（考虑现金红利再投资）有显著的负面影响。

②现金充裕程度（BZBS）、到期债务（DQZW）、成长性（GROW）、投资机会（TBQ）与个股回报率（考虑现金红利再投资）（HBK）的回归系数分别为0.0247、0.5045、0.3685和0.1129，都在1%的水平上显著为正，即现金充裕程度、到期债务、成长性、投资机会对个股回报率（考虑现金红利再投资）都有显著的正面影响。

③盈利能力（MGSY）、资产的流动性（LDX）与个股回报率（考虑现金红利再投资）（HBK）的回归系数分别为-0.1198和-0.1639，都在1%的水平上显著为负，即盈利能力、资产的流动性对个股回报率（考虑现金红利再投资）都有显著的负面影响。

④举债能力（JZNL）、实际税率（SJSL）与个股回报率（考虑现金红利

再投资）（HBK）的回归系数为 -0.0016、0.6299，但不显著，说明举债能力和实际税率对个股回报率（考虑现金红利再投资）没有显著的影响。

6.4.5 模型 6-1 的稳健性检验

用“每股税后现金股利（SHXJ）”替换“每股税前现金股利（SQXJ）”，用“现金股利变动率（BDL）”替换“股利分配率（GLFP）”，用“个股回报率（不考虑现金红利再投资）（HBB）”替换“个股回报率（考虑现金红利再投资）（HBK）”进行稳健性检验，结果见表 6-8。将其与表 6-7 的回归结果对照，可以发现：用 SHXJ 替换被解释变量 SQXJ 的回归结果中，用 HBB 替换被解释变量 HBK 的回归结果中，主要解释变量系数的正负号和显著性水平变化不大，比较稳健；用 BDL 替换被解释变量 GLFP 的回归结果中，主要解释变量系数的正负号和显著性水平变化较大，不够稳健。

表 6-8 模型 6-1 的稳健性检验

项目		SHXJ	BDL	HBB
ECR	系数	0.1139***	-0.2104***	-0.2240***
	显著性	0.0000	0.0023	0.0000
ERR	系数	0.0261***	-0.0602**	-0.0777***
	显著性	0.0000	0.0132	0.0000
MGSY	系数	0.2319***	0.2123***	-0.1206***
	显著性	0.0000	0.0000	0.0000
BZBS	系数	0.0177***	0.0677***	0.0246***
	显著性	0.0000	0.0000	0.0069
LDX	系数	0.0456***	-0.1252**	-0.1673***
	显著性	0.0000	0.0208	0.0000
JZNL	系数	0.0023***	-0.0022	-0.0015
	显著性	0.0010	0.6054	0.6335
DQZW	系数	-0.0675***	0.2072**	0.5102***
	显著性	0.0000	0.0119	0.0000

续表

项目		SHXJ	BDL	HBB
GROW	系数	-0.0530***	0.2496***	0.3675***
	显著性	0.0000	0.0000	0.0000
TBQ	系数	0.0008	-0.0106*	0.1126***
	显著性	0.4631	0.0989	0.0000
SJSL	系数	-1.1075***	-0.2092	0.6405
	显著性	0.0000	0.8425	0.4122
DOL	系数	-0.0099**	-0.0681**	0.0176
	显著性	0.0319	0.0159	0.4004
DFL	系数	-0.0031	-0.0583**	-0.0579***
	显著性	0.4915	0.0358	0.0050
SIZE	系数	0.0022	-0.0163	0.0158**
	显著性	0.1705	0.1010	0.0317
1. GSXZ	系数	0.0085***	-0.0420**	0.0237*
	显著性	0.0018	0.0113	0.0537
1. GPSC	系数	-0.0056**	-0.0837***	0.0368***
	显著性	0.0369	0.0000	0.0025
YEAR		控制		
Constant	系数	0.0423	0.5957**	0.6057***
	显著性	0.3032	0.0177	0.0011
观察值数量		5633	5633	5633
R^2		0.5726	0.0932	0.6465
调整的 R^2		0.5709	0.0894	0.6451
F 值		326.78	94.58	446.04
F 的显著性		0.0000	0.0000	0.0000
Durbin - Watson		1.0653	2.2164	2.0498

注：*** 表示 $p<0.01$，** 表示 $p<0.05$，* 表示 $p<0.1$。

6.5 股利政策对股票价格的影响

6.5.1 回归模型

为了检验股利政策对股票价格的影响，我们建立回归模型6－2。模型6－2中变量的类型、代码、定义和取值方法见表6－9。

$$GPJG_{i,t} = \gamma_0 + \gamma_1 SQXJ_{i,t} + \gamma_2 GLFP_{i,t} + \gamma_3 HBK_{i,t} + \gamma_4 SPSC_{i,t} + \gamma_5 ZBSC_{i,t} + \gamma_6 XCJL_{i,t} + \gamma_7 GQJL_{i,t} + \gamma_8 METS_{i,t} + \gamma_9 LTJG_{i,t} + \gamma_{10} GYZB_{i,t} + \gamma_{11} ECR_{i,t} + \gamma_{12} ERR_{i,t} + \gamma_{13} SIZE_{i,t} + \gamma_{14} GROW_{i,t} + \gamma_{15} GSXZ_{i,t} + \gamma_{16} GPSC_{i,t} + \sum_{j=17}^{25} \gamma_j YEAR + \psi_{i,t}$$

（模型6－2）

表6－9 模型6－2中变量的类型、代码、定义和取值方法

变量类型	变量名称	变量代码	预期符号	变量的定义
被解释变量	股票价格	GPJG		年收盘价
	资本利得（股票价格变动率）	CG		（年收盘价－年开盘价）/年开盘价
解释变量	每股税前现金股利	SQXJ	+	税前每股派息
	每股税后现金股利	SHXJ	+	税后每股派息
	股利分配率	GLFP	－	税前每股派息/净利润本期值/实收资本本期期末值
	现金股利变动率	BDL	+	（本期税前每股派息－上年同期税前每股派息）/上年同期税前每股派息
	个股回报率（考虑现金红利再投资）	HBK	+	年个股回报率（考虑现金红利再投资）
	个股回报率（不考虑现金红利再投资）	HBB	+	年个股回报率（不考虑现金红利再投资）

续表

变量类型	变量名称		变量代码	预期符号	变量的定义
控制变量	市场机制	商品市场竞争性	SPSC		毛利率的倒数。毛利率 =（营业收入 - 营业成本）/营业收入
		资本市场竞争性	ZBSC		流通股年换手率
	内部激励机制	薪酬激励强度	XCJL		高管货币薪酬激励强度 = 高管货币薪酬总额/净利润
		股权激励强度	GQJL		高管股权激励强度 = 高管持股市值/净利润
		代理成本	METS		管理费用/营业收入
	股权结构	股权的流通结构	LTJG		流通股占公司全部股票的比例
		股权的所有制结构	GYZB		国有股占公司全部股票的比例
		股权集中度	ECR		第一大股东持股比例
		股权制衡度	ERR		第二大、第三大股东持股比例之和/第一大股东持股比例
	公司规模		SIZE		年末总资产的自然对数
	成长性		GROW		营业收入增长率
	公司性质		GSXZ		国有为 0，非国有为 1
	股票市场		GPSC		上海证券交易所为 0 深圳证券交易所为 1
	年份		YEAR		年份

6.5.2 模型 6 - 2 中变量的描述性统计分析

模型 6 - 2 中变量的描述性统计分析结果，见表 6 - 10。从表 6 - 10 中可以发现以下信息。

①股票价格（GPJG）的均值为 17.6369，标准差为 10.8310；资本利得（CG）的均值为 0.1762，标准差为 0.6184。

表 6-10　模型 6-2 中变量的描述性统计表

变量	观测值数量	中位数	标准差	最小值	最大值	平均值
GPJG	5633	14.5100	10.8310	5.2100	45.0300	17.6369
CG	5633	0.0598	0.6184	-0.6573	1.6447	0.1762
SQXJ	5633	0.1000	0.1340	0.0200	0.5000	0.1527
SHXJ	5633	0.0950	0.1266	0.0143	0.4770	0.1420
GLFP	5633	0.2912	0.1844	0.0900	0.7486	0.3263
BDL	5633	0.0000	0.5315	-0.7500	1.3333	-0.0038
HBK	5633	0.1958	0.6368	-0.5094	1.8782	0.3461
HBB	5633	0.1953	0.6314	-0.5064	1.8624	0.3433
SPSC	5633	3.8835	2.5642	1.5908	11.5910	4.5647
ZBSC	5633	5.3443	3.8675	1.3772	15.3488	6.2541
XCJL	5633	0.0056	0.0149	0.0000	0.0557	0.0117
GQJL	5633	0.0047	0.6975	0.0000	2.6410	0.3706
METS	5633	0.0795	0.0434	0.0234	0.1849	0.0859
LTJG	5633	0.6950	0.2713	0.2500	1.0000	0.6855
GYZB	5633	0.0000	0.1299	0.0000	0.4656	0.0521
ECR	5633	0.3566	0.1354	0.1621	0.6287	0.3669
ERR	5633	0.3798	0.3880	0.0407	1.3348	0.4858
SIZE	5633	21.7154	1.0313	20.3495	24.1028	21.8519
GROW	5633	0.1337	0.2126	-0.1697	0.6550	0.1630
GSXZ	5633	1.0000	0.4775	0.0000	1.0000	0.6483
GPSC	5633	1.0000	0.4682	0.0000	1.0000	0.6757

②每股税前现金股利（SQXJ）和每股税后现金股利（SHXJ）均值分别为 0.1527、0.1420，标准差分别为 0.1340、0.1266；股利分配率（GLFP）均值为 0.3263，标准差为 0.1844；现金股利变动率（BDL）均值为 -0.0038，标准差为 0.5315；个股回报率（考虑现金红利再投资）（HBK）和个股回报率（不考虑现金红利再投资）（HBB）均值分别为 0.3461、0.3433，标准差分别为 0.6368、0.6314。

③商品市场竞争性（SPSC）和资本市场竞争性（ZBSC）均值分别为4.5647、6.2541，标准差分别为2.5642、3.8675；薪酬激励强度（XCJL）、股权激励强度（GQJL）和代理成本（METS）均值分别为0.0117、0.3706、0.0859，标准差分别为0.0149、0.6975、0.0434；股权流通结构（LTJG）和股权所有制结构（GYZB）均值分别为0.6855、0.0521，标准差分别为0.2713、0.1299。

6.5.3 模型6－2中变量的相关分析

模型6－2中变量的相关分析结果，见表6－11。从表6－11中可以发现以下信息。

①每股税前现金股利（SQXJ）、每股税后现金股利（SHXJ）、现金股利变动率（BDL）、个股回报率（考虑现金红利再投资）（HBK）、个股回报率（不考虑现金红利再投资）（HBB）都与股票价格（GPJG）显著正相关，相关系数分别为0.408、0.406、0.098、0.369和0.370，都在1%水平上显著。

②现金股利变动率（BDL）、个股回报率（考虑现金红利再投资）（HBK）、个股回报率（不考虑现金红利再投资）（HBB）都与资本利得（CG）显著正相关，相关系数分别为0.234、0.861和0.860，都在1%水平上显著。

③股利分配率（GLFP）与股票价格（GPJG）、资本利得（CG）显著负相关，相关系数分别为－0.074、－0.049，在1%水平上显著。

④每股税前现金股利（SQXJ）、每股税后现金股利（SHXJ）与资本利得（CG）没有显著关系。

⑤代理成本（METS）、股权所有制结构（GYZB）、股权集中度（ECR）、股权制衡度（ERR）、成长性（GROW）、公司性质（GSXZ）、股票市场（GPSC）与股票价格（GPJG）显著正相关，相关系数分别为0.172、0.025、0.057、0.055、0.226、0.034和0.098，其中，GYZB在10%水平上显著，其余相关系数都在1%水平上显著。

表 6-11　模型 6-2 中变量的相关系数表

系数	GPJG	CG	SQXJ	SHXJ	GLFP	BDL	HBK	HBB	SPSC	ZBSC	XCJL	GQJL	METS	LTJG	GYZB	ECR	ERR	SIZE	GROW	GSXZ	GPSC
GPJG	1																				
CG	0.389***	1																			
SQXJ	0.408***	-0.007	1																		
SHXJ	0.406***	-0.005	0.997***	1																	
GLFP	-0.074***	-0.049***	0.456***	0.461***	1																
BDL	0.098***	0.234***	0.303***	0.300***	0.163***	1															
HBK	0.369***	0.861***	-0.054***	-0.054***	-0.062***	0.121***	1														
HBB	0.370***	0.860***	-0.054***	-0.055***	-0.063***	0.121***	0.999***	1													
SPSC	-0.318***	0.020	-0.243***	-0.245***	-0.021	-0.013	-0.028**	-0.029**	1												
ZBSC	0.000	0.026**	-0.168***	-0.163***	0.031**	-0.099***	0.039***	0.040***	-0.034**	1											
XCJL	-0.171***	0.043***	-0.253***	-0.251***	0.120***	-0.063***	-0.022	-0.021	0.118***	0.066***	1										
GQJL	-0.013	-0.029**	-0.111***	-0.104***	0.097***	-0.113***	0.028**	0.029**	-0.088***	0.187***	0.129***	1									
METS	0.172***	-0.004	-0.074***	-0.064***	0.038***	-0.091***	0.033**	0.034***	-0.600***	0.125***	0.072***	0.160***	1								
LTJG	-0.175***	0.060***	-0.109***	-0.106***	-0.114***	0.100***	0.034**	0.034**	0.149***	-0.469***	0.189***	-0.230***	-0.094***	1							
GYZB	0.025*	0.089***	0.019	0.006	-0.028**	0.038***	0.065***	0.065***	0.111***	0.064***	-0.016	-0.185***	-0.106***	-0.250***	1						
ECR	0.057***	-0.002	0.137***	0.135***	0.058***	0.005	-0.020	-0.020	0.117***	-0.076***	-0.056***	-0.097***	-0.136***	-0.158***	0.203***	1					
ERR	0.055***	-0.038***	0.020	0.021	0.057***	-0.039***	-0.018	-0.017	-0.150***	0.060***	-0.082***	0.132***	0.139***	-0.175***	-0.121***	-0.659***	1				
SIZE	-0.055***	0.003	0.142***	0.143***	-0.128***	0.119***	-0.029**	-0.029**	0.284***	-0.356***	-0.106***	-0.206***	-0.357***	0.335***	0.177***	0.171***	-0.191***	1			
GROW	0.226***	0.031**	0.088***	0.075***	-0.170***	0.139***	0.106***	0.106***	-0.073***	-0.048***	-0.192***	-0.056***	-0.074***	-0.133***	0.081***	0.002	0.037***	0.016	1		
GSXZ	0.034***	-0.065***	-0.001	0.007	0.096***	-0.096***	0.003	0.003	-0.232***	0.180***	-0.139***	0.342***	0.177***	-0.313***	-0.478***	-0.136***	0.219***	-0.401***	0.029**	1	
GPSC	0.098***	-0.080***	-0.005	-0.000	0.040***	-0.112***	-0.003	-0.002	-0.166***	0.136***	-0.560***	0.024*	0.192***	-0.302***	-0.147***	-0.087***	0.199***	-0.366***	0.056***	0.341***	1

注：*** 表示 $p<0.01$；** 表示 $p<0.05$；* 表示 $p<0.1$。

⑥资本市场竞争性（ZBSC）、薪酬激励强度（XCJL）、股权流通结构（LTJG）、股权所有制结构（GYZB）、成长性（GROW）与资本利得（CG）显著正相关，相关系数分别为0.026、0.043、0.060、0.089和0.031。其中，ZBSC、GROW在5%水平上显著，其余相关系数都在1%水平上显著。

⑦商品市场竞争性（SPSC）、薪酬激励强度（XCJL）、股权流通结构（LTJG）、公司规模（SIZE）与股票价格（GPJG）显著负相关，相关系数分别为 -0.318、 -0.171、 -0.175、 -0.055，都在1%水平上显著。

⑧股权激励强度（GQJL）、股权制衡度（ERR）、公司性质（GSXZ）和股票市场（GPSC）与资本利得（CG）显著负相关，相关系数分别为 -0.029、 -0.038、 -0.065和 -0.080。其中，GQJL在5%水平上显著，其余相关系数都在1%水平上显著。

6.5.4 模型6 -2的回归分析

模型6 -2的回归分析结果，见表6 -12。

表6 -12 模型6 -2的回归分析表

项目	系数	显著性
SQXJ	46.0830***	0.0000
GLFP	-20.2531***	0.0000
HBK	4.9564***	0.0000
SPSC	-0.1726***	0.0011
ZBSC	-0.3590***	0.0000
XCJL	71.3070***	0.0000
GQJL	-0.2671*	0.0872
METS	28.8681***	0.0000
LTJG	-9.0614***	0.0000
GYZB	-3.6886***	0.0004
ECR	2.9133***	0.0068
ERR	0.7564**	0.0385
SIZE	-1.1557***	0.0000

续表

项目	系数	显著性
GROW	3.3297***	0.0000
1. GSXZ	-2.1126***	0.0000
1. GPSC	1.6638***	0.0000
YEAR	控制	
Constant	44.7423***	0.0000
观察值数量	5633	
R^2	0.5683	
调整的 R^2	0.5665	
F 值	307.61	
F 的显著性	0.0000	

注：*** 表示 $p<0.01$；** 表示 $p<0.05$；* 表示 $p<0.1$。

从表 6-12 中可以发现股利政策及其变动对股票价格的影响。

①每股税前现金股利（SQXJ）、个股回报率（考虑现金红利再投资）（HBK）与股票价格（GPJG）的回归系数分别为46.0830和4.9564，都在1%水平上显著为正，即每股税前现金股利、个股回报率（考虑现金红利再投资）对股票价格有显著的正面影响。

②股利分配率（GLFP）与股票价格（GPJG）的回归系数为-20.2531，在1%水平上显著为负，即股利分配率对股票价格有显著的负面影响。

从表 6-12 中还可以发现公司治理结构变量对股票价格的影响。

①薪酬激励强度（XCJL）、代理成本（METS）、股权集中度（ECR）、股权制衡度（ERR）与股票价格（GPJG）的回归系数分别为71.3070、28.8681、2.9133、0.7564，其中，ERR在5%水平上显著为正，其余相关系数都在1%水平上显著为正。这说明，薪酬激励强度、代理成本、股权集中度、股权制衡度对股票价格有显著的正面影响。

②商品市场竞争性（SPSC）、资本市场竞争性（ZBSC）、股权激励强度（GQJL）、股权流通结构（LTJG）、股权所有制结构（GYZB）与股票价格（GPJG）的回归系数分别为-0.1726、-0.3590、-0.2671、-9.0614、

-3.6886，其中，GQJL 在 10% 水平上显著为负，其余相关系数都在 1% 水平上显著为负。这说明，商品市场竞争性、资本市场竞争性、股权激励强度、股权流通结构、股权所有制结构对股票价格有显著的负面影响。

6.5.5 模型 6-2 的稳健性检验

一、替换解释变量

用"每股税后现金股利（SHXJ）"替换"每股税前现金股利（SQXJ）"，用"现金股利变动率（BDL）"替换"股利分配率（GLFP）"，用"个股回报率（不考虑现金红利再投资）（HBB）"替换"个股回报率（考虑现金红利再投资）（HBK）"进行稳健性检验，结果见表 6-13。

将其与表 6-12 的回归结果对照，可以发现，主要的解释变量回归系数的正负号和显著性水平变化不大。所以，模型 6-2 的回归分析结果是比较稳健的。

表 6-13 模型 6-2 的稳健性检验结果之一（替换解释变量）

项目	系数	显著性
SHXJ	31.7988***	0.0000
BDL	-1.4338***	0.0000
HBB	5.2743***	0.0000
SPSC	-0.4744***	0.0000
ZBSC	-0.3900***	0.0000
XCJL	-10.7537	0.2777
GQJL	-0.7775***	0.0000
METS	20.5919***	0.0000
LTJG	-9.4804***	0.0000
GYZB	-5.1078***	0.0000
ECR	0.3734	0.7476
ERR	-0.0368	0.9254
SIZE	-0.8030***	0.0000

续表

项目	系数	显著性
GROW	6.5318***	0.0000
1.GSXZ	-2.7442***	0.0000
1.GPSC	-0.0766	0.8179
YEAR	控制	
Constant	38.5605***	0.0000
观察值数量	5633	
R^2	0.4980	
调整的 R^2	0.4958	
F值	231.78	
F的显著性	0.0000	

注：*** 表示 $p<0.01$；** 表示 $p<0.05$；* 表示 $p<0.1$。

二、替换被解释变量

用“资本利得（CG）”替换“股票价格（GPJG）”进行稳健性检验，结果见表6-14。将其与表6-12的回归结果对照，可以发现，主要的解释变量回归系数的正负号和显著性水平变化不大。所以，模型6-2的回归分析结果是比较稳健的。

表6-14　模型6-2的稳健性检验结果之二（替换被解释变量）

项目	系数	显著性
SQXJ	0.4264***	0.0000
GLFP	-0.1659***	0.0000
HBK	0.7234***	0.0000
SPSC	0.0129***	0.0000
ZBSC	0.0004	0.7804
XCJL	2.0132***	0.0000
GQJL	-0.0378***	0.0000
METS	0.0710	0.5773
LTJG	-0.0192	0.4198

续表

项目	系数	显著性
GYZB	0.0474	0.2740
ECR	-0.0141	0.7525
ERR	0.0041	0.7852
SIZE	-0.0236***	0.0000
GROW	-0.1264***	0.0000
1. GSXZ	-0.0328***	0.0049
1. GPSC	-0.0455***	0.0004
YEAR	控制	
Constant	0.6452***	0.0000
观察值数量	5633	
R^2	0.7731	
调整的 R^2	0.7722	
F 值	796.32	
F 的显著性	0.0000	
Durbin - Watson	1.7328	

注：*** 表示 $p<0.01$；** 表示 $p<0.05$；* 表示 $p<0.1$。

6.6 本章研究结论

本章以2007—2015年上海证券交易所和深圳证券交易所全部A股制造业上市公司为研究对象，对治理结构如何影响股利政策，以及股利政策如何影响股票价格进行实证检验。

通过对治理结构如何影响股利政策进行实证检验，得出如下结论。

①股权集中度和股权制衡度对每股税前现金股利具有显著的正面影响，盈利能力、现金充裕程度、资产的流动性、举债能力对每股税前现金股利都有显著的正面影响，到期债务、成长性、实际税率对每股税前现金股利有显著的负面影响。

②股权集中度和股权制衡度对股利分配率具有显著的正面影响，现金充裕程度、资产的流动性、举债能力、投资机会对股利分配率有显著的正面影响，盈利能力、到期债务、成长性、实际税率对股利分配率有显著的负面影响。

③股权集中度和股权制衡度对个股回报率具有显著的负面影响，现金充裕程度、到期债务、成长性、投资机会对个股回报率（考虑现金红利再投资）都有显著的正面影响，盈利能力、资产的流动性对个股回报率（考虑现金红利再投资）都有显著的负面影响。

通过对股利政策如何影响股票价格实证检验发现：

①每股税前现金股利、个股回报率（考虑现金红利再投资）对股票价格有显著的正面影响，股利分配率对股票价格有显著的负面影响。

②薪酬激励强度、代理成本、股权集中度、股权制衡度对股票价格有显著的正面影响，商品市场竞争性、资本市场竞争性、股权激励强度、股权流通结构、股权所有制结构对股票价格有显著的负面影响。

参考文献

[1] Donald Eugene Farrar, Lee Lawrence Selwyn. Taxes, Corporate Financial Policy and Return to Investors [J]. National Tax Journal, 1967, 20 (4).

[2] Eugene F. Fama. Efficient Capital Markets: A Review of Theory and Empirical Work [J]. The Journal of Finance, 1970, 25 (2).

[3] F. Modigliani, M. Miller. Corporate Income Taxes and the Cost of Capital: A Correction [J]. The American Economic Review, 1963, 53 (3).

[4] F. Modigliani, M. Miller. The Cost of Capital, Corporation Finance and the Theory of Investment [J]. The American Economic Review, 1958, 48 (3).

[5] Fisher Black, Myron Scholes. The Pricing of Options and Corporate Liabilities [J]. The Journal of Political Economy, 1973, 81 (3).

[6] Harry M. Markowitz. Portfolio Selection [J]. The Journal of Finance, 1952, 7 (1).

[7] Hayne E. Leland, David H. Pyle. Informational Asymmetries, Financial Structure and Financial Intermediation [J]. The Journal of Finance, 1977, 32 (2).

[8] Jan Mossin. Equilibrium in A Capital Asset Market [J]. Econometrica, 1966, 34 (4).

[9] John Lintner. The Valuation of Risk Assets and the Selection Of Risky Investments in Stock Portfolios and Capital Budgets [J]. The Review of Economics and Statistics, 1965, 47 (1).

[10] M. C. Jensen, W. H. Meckling. Theory of the Firm: Managerial Behavior, Agency Costs and Ownership Structure [J]. Journal of Finance Economics, 1976, 3 (4).

[11] Malcolm Baker, Jeffrey Wurgler. A Catering Theory of Dividends [J]. The Journal of Finance, 2004, 59 (3).

[12] Merton H. Miller, Franco Modigliani. Dividend Policy, Growth and the Valuation of Shares [J]. The Journal of Business, 1961, 34 (4).

[13] Merton H. Miller. Debt and Taxes [J]. The Journal of Finance, 1977, 32 (2).

[14] Michael J. Brennan. Taxes, Market Valuation and Corporate Financial Policy [J]. National Tax Journal, 1970, 23 (4).

[15] Milton Harris, Artur Raviv. Corporate Control Contests and Capital Structure [J].

Journal of Financial Economics, 1988, 20.

[16] Myron Jules Gordon. Dividends, Earnings and Stock Prices [J]. The Review of Economics and Statistics, 1959, 41 (2).

[17] René M. Stulz. Managerial Control of Voting Rights: Financing Policies and the Market for Corporate Control [J]. Journal of Financial Economics, 1988, 20 (1/2).

[18] Ronen Israel. Capital Structure and the Market for Corporate Control: The Defensive Role of Debt Financing [J]. The Journal of Finance, 1991, 46 (4).

[19] Stephen A. Ross. The Arbitrage Theory of Capital Asset Pricing [J]. Journal of Economic Theory, 1976, 13 (3).

[20] Stephen A. Ross. The Determination of Financial Structure: The Incentive – Signaling Approach [J]. The Bell Journal of Economics, 1977, 8 (1).

[21] Stewart C. Myers , N. S. Majluf. Corporate Financing and Investment Decisions when Firms Have Information that Investors Do Not Have [J]. Journal of Financial Economics, 1984, 13 (2).

[22] Sudipto Bhattacharya. Imperfect Information, Dividend Policy, and "the Bird in the Hand" Fallacy [J]. The Bell Journal of Economics. 1979, 10 (1).

[23] William F. Sharpe, Capital Asset Prices: A Theory of Market Equilibrium Under Conditions of Risk [J]. The Journal of Finance, 1964, 19 (3).

[24] [美] 阿道夫·A. 伯利，加德纳·C. 米恩斯. 现代公司与私有财产 [M]. 北京：商务印书馆，2005.

[25] 李维安. 公司治理理论与实务前沿 [M]. 北京：中国财政经济出版社，2003.

[26] 梁能. 公司治理结构：中国的实践与美国的经验 [M]. 北京：中国人民大学出版社，2000.

[27] 沈艺峰，沈洪涛. 公司财务理论主流 [M]. 大连：东北财经大学出版社，2004.

[28] 史正富. 劳动、价值和企业所有权——马克思劳动价值论的现代拓展 [J]. 北京：经济研究，2002 (2).

[29] [美] 斯蒂芬 A. 罗斯，伦道夫 W. 威斯特菲尔德. 吴世农，沈艺峰，王志强，等，译. 公司理财 [M]. 北京：机械工业出版社，2012.

[30] 张维迎. 产权、激励与公司治理 [M]. 北京：经济科学出版社，2005.

[31] 张维迎. 企业理论与中国企业改革 [M]. 北京：北京大学出版社，1999.

后记

随着应用统计学和计量经济学的普及，以及 CSMAR、RESSET 等数据库和 SPSS、STATA 等统计软件的广泛使用，实证研究已经成为中国财务会计理论研究的主流，成为研究生的必修课和研究生撰写学位论文采用的主要研究方法。尽管流行的实证研究方法并不完美，甚至遭到了“数字游戏”之类的非议，但在一个大数据时代，学习数据处理技术和定量分析方法，做到“心中有数”，通过定量分析发现现象之间的联系，以及事物发展规律和变化趋势，无疑是必要的、正确的、有益的。

为了顺应财务会计理论研究潮流，培养研究生运用实证研究方法从事科学研究的能力，湖北大学为会计学研究生开设了公司治理、科研方法论、实证会计理论与方法等课程，要求研究生立足于中国的制度背景，密切关注中国的改革实践，学以致用。本书就是上述教学和研究取得的最新成果。湖北大学会计学 2015 级研究生杨敏、张月月、周悦和曾严，2016 级研究生金凤铭、贺茂豹、袁慧敏和郑琳煜，2017 级研究生李锦煌、马梦峥、朱正冲和栗娟等在原始数据搜集和处理、统计分析、实证检验、写作等方面付出了很多时间和汗水，做出了很大的贡献；2020 级会计学研究生吴豪为本书的编写搜集数据资料，为书稿内容整理做了大量的工作。感谢这些同学的辛勤劳动，以及卓有成效的研究工作！

本书是 2018 年度湖北社科基金一般项目（后期资助项目）《治理结构、财务政策与公司价值》（立项号：2018041）的最终成果。非常感谢湖北社科基金的资助！

在写作过程中，参考了大量文献资料。尽管我们力图在文中注释和在参考文献中全部列出，但难免会有遗漏。对所有文献资料的作者和出版单位表示衷心的感谢！书中可能存在的错漏，敬请读者批评指正！